心海与人海

通俗易懂的禅宗心理学。

了解自己，了解心理。

梁红超◎著

九州出版社
JIUZHOUPRESS

图书在版编目（CIP）数据

心海与人海 / 梁红超著. -- 北京 : 九州出版社,
2011.7
ISBN 978-7-5108-1048-0

Ⅰ. ①心… Ⅱ. ①梁… Ⅲ. ①心理学—研究 Ⅳ. ①B84

中国版本图书馆CIP数据核字(2011)第120739号

心海与人海

作　　者　梁红超 著
出版发行　九州出版社
出 版 人　徐尚定
地　　址　北京市西城区阜外大街甲35号（100037）
发行电话　（010）68992190/2/3/5/6
网　　址　www.jiuzhoupress.com
电子信箱　jiuzhou@jiuzhoupress.com
印　　刷　北京俊林印刷有限公司
开　　本　880毫米×1230毫米　32开
印　　张　6
字　　数　90千字
版　　次　2011年10月第1版
印　　次　2011年10月第1次印刷
书　　号　ISBN 978-7-5108-1048-0
定　　价　20.00元

序　言

人类进入现代社会后，信息的传播手段发生了质的改变，知识成了廉价品，到处都是。据说，在许多大学，知识一而再，再而三地爆炸，一个知识点，就能做成一个炸药包，爆炸后，腾起的烟雾就是一个学科。但是关于人心的知识，至少说在普通人中，仍然贫乏得很，我们对自己的内心世界仍然很无知，原因是多方面的。

一是养家糊口本身就让普通人疲于奔命，抽不出时间关心自己的内心世界；二是心理学太复杂，缺乏通俗易懂的理论，心理学家制造的稀奇古怪的名词，也让心理学传播起来更加困难。了解自己虽不像吃饭，是本能，但他也是人们的基本需要之一，心理学仍然需要大发展。

根据资料，在中国，躁狂抑郁症患者占总人口的百分之四。人身体会出毛病，心理也会出毛病，就像越运动越健康一样，越了解自己，心理就会越健康。你只要这样做了，尽了这个责任和义务，就像佛祖如来所说："要知是经不可思议，果报亦不可思议。"

这是一本心理学书，讲的是禅宗心理学。本书主要目的就是，告诉大家一个好的通俗易懂的方法，认识自己的好方法，从而使人们像旅游一样，走进自己的内心世界。这是一个你似曾相识，但又让你充满惊奇的世界。林黛玉初进荣国府，宝玉见了林黛玉第一句话就是："这个妹妹我在哪里原是见过的。"人们通过心理学的方法认识内心世界将会经历和宝玉一样的心理体验。

另外，本书也对心理学历史进行了一些探讨，提出了完全不同心理学史观。

在我看来，一个完整的心理学理论必须包括两部分，一部分是人格结构学，一部分是人格动力学，这和汽车的动力系统是一样的，一部分是汽车的物理控制结构，一部分是化学燃料部分。本书主要是研究人格结构学，但是在表述中，需要涉及人格动力学的内容时，本书将直接引用，不另外说明。

目 录

第一章　心海与人海

个人是社会的缩小形式

人是复杂的，我们需要从多个角度来看人。美国社会学家库恩认为社会是个人的放大形式，那么反过来说，个人就是社会的缩小形式。本书据此写出了三个心理学规律：

第一规律，从心理学的角度来看，个人是社会的缩小形式，个体即群体，群体即个体，心海即人海。

第二规律，人格结构是社会结构的复制，反之亦然，二者是不同层次的同构。

第三规律，人格的成长和社会的发展遵守同样的规律。

第四规律，人的心理活动和社会活动遵守同样的规律。

通过本书写的规律，人们想要了解自己的人心和本性就变得简单多了，深奥的心理学和心性之学的知识将变成常识，让每一个普通人都能听懂，从而让读者利用知识获得内心的平安，并进一步改变命运。不是说性格决定命运吗？心性之学和心理学讲的就是性格的奥秘。

个人是社会的缩小形式，我们也可以通俗地说，人心就像社会或就是社会。

人心就是人的指挥中心，从生理学上说是人的大脑或整个神经系统，从哲学和文学等方面来说是精神的主要所在地。比喻中的社会就是人们再也熟悉不过的、现在所处的、就在每个人身边的社会。最常见的社会形式是国家，人心也能比喻成国家，把人心放大了可以得到一个国家，把国家缩小了就是人心。为了叙述的方便，本书把人心中的社会称为“内社会”，把我们生活的社会称为“外社会”。

人心是个社会，这一理论不仅可以泛泛而谈，也可以具体而微。

每一种社会都有各自的政府，人心中的社会也有政府，就是人们常说的自我。人的不同也在于他政府的不同，不同的自我决定了人的性格差异。

从发展心理学角度来看，我们生活的社会有五个发展阶段：原始社会、奴隶社会、封建社会、资本主义社会和共产主义社会，人的性格发展大致也可做同样的划分，有的内社会处于原始社会，有的处于奴隶社会，有的则处于封建社会，有的是资本主义社会和社会主义社会，还有更高的，他的内社会是个理想的共产主义社会。是刘禅还是康熙大帝就看他性格发展处于哪个阶段或者他的自我组成方式。做父母的是否干涉儿女的婚姻也可作提前的预测，如果性格发展到封建社会的那一个阶段，他必然会干涉儿女的婚姻；如果性格发展到社会主义民主阶段，他必然不会干涉儿女的婚姻。

外社会有政党，人心中的内社会也有政党，就是情结。情结控制着人就像政党领导着国家，性格的不同也是由情结的不同决定的。情结有好的如“事业情结”，也有坏的如“自傲情结”、“自卑情结”和“逃避情结”。人与人的不同，也取决于人心中情结的不同。人的自信、自卑与保守，也是因为情结的不同造成的。

社会有战争的时候，人则有心理冲突的时候，人的心理冲突就是心理障碍。有的人内心平安，就像现在中国改革开放以来稳定的社会环境；有的人内心焦虑，正在发生冲突，就像解放前的军阀混战。

社会的变革叫革命，人的性格改变也可以看做是一场革命，本性难改就是革命不容易。性格发育不完善的人要想改变自己的性格，必须像革命家一样，进行艰苦的努力才成。只要理论正确和方法得当，就能改变人，通过一场内社会的革命，就能把坏人变成好人。除过去与环境、机遇、命运等因素外，单单从性格角度看问题，从理论上来说，不问政治的张爱玲能变成雄才大略的武则天，卡夫卡能变成笑弥勒，软弱的加斯科因能变成坚强的贝肯鲍尔，无能的刘禅能变成康熙大帝，希特勒能变成华盛顿。

人们形容社会时叫“人海”，形容人心时叫“心海”。人际关系的奥秘，本质上就是心海与人海的奥秘。我们所处的社会欣欣向荣就像昆明的洱海春水荡漾，如果你的心海是一池春水就说明你适应这个社会；如果你的心海冰冻三尺像北冰洋，或海底火山爆发，或干脆一半是火焰一半是海水，就说明你不适应这个社会。本书将告诉你怎样改变你的心海来适应人海，怎样让你的心海春水无边，让所有与你交往的人都会如沐春风。人心的结构是神经系统的网络结构，社会也是一个网络结构，亲人网、朋友网、同学网、老乡网等等关系网织就一个社会网，人是社会关系的总和，人是网中的点，没有宽度和厚度，人们被紧紧困在网的中央。人际关系的奥秘也是网与网的奥秘。本书将告诉你怎样让你心中的网和社会关系网重合在一起，只在这两张网的结构完全一样了，不管你直性子也好，圆滑处世也罢，你必然会适应这个社会。

社会和人心是如此的一致，以致这个比喻还可以继续比喻下去。在以后的章节中，将对上面的比喻展开更加详细的讨论。这里先列出一个人心和社会的对应表来，这个表也是本书的阅读线索。

人格结构对应社会结构

自 我	对应	政 府
情 节	对应	政 党
心理冲突	对应	社会战争
生产力	对应	能 力
恐 惧	对应	战争状态
欢 乐	对应	和平时期
自 信	对应	信 任
良心	对应	爱

多个自我

“寻找自我”是现代人经常提起的一个话题，但人们很难停下忙碌的脚步，静一静，来单独面对自己的内心世界。至于心理学家，他们也太忙了，忙于研究和整理别人的心理，而忘记了他们的主要研究对象——自己的内心世界。

寻找自我并不难，寻找的结果也会让人们大吃一惊。自我并不是一个，而是许许多多，以至于无穷多个。人不单单是个整体，而是由许多自我组成的集体，也就是说，人心即社会。我们的内心世界和我们生活的社会是一样的，除了大小不同以外，并没有本质上的差别。

人心是社会，意指大脑是社会。在历史上，许多的文学家、哲学家以及心理学家，都对人心不单单是整体，而是能分开的集体，有所理解和表述。

一些作家，依靠其出色的自知力，在对自我的了解上，达到了令人吃惊的深度。《西游记》第七十九回《寻洞擒妖逢老寿，当朝正主救婴儿》中，比丘国国王要用唐僧的心做治病药引：

国丈在殿上见了道：“这是个多心的和尚”。“假唐僧”将心，血淋淋的，一个个捡开与众观看：却都是些红心、白心、黄心、悭贪心、嫉妒心、利名心、计较心、好胜心、望高心、侮慢心、杀害心、狠毒心、恐怖心、谨慎心、邪妄心、无名阴暗心、种种不善之心，更无一个是黑心。

吴承恩用小说家的笔表达了他的心理观，人实际上是有多个自我的，并且多个自我并存于我们的身体中，

刘易斯•托马斯在《水母和蜗牛》中写道：

专业人员称这样的人为歇斯底里，或精神分裂症患者。我还听说，对他们似乎无能为力。须不止一个自我，这本身就被看作是很严重的病态。还没有什么已知的法子能赶走这些闯入者。

说实在话，跟我说，有不止一个自我是一种病症，这会让我难为情。我活到如今有多少个自我，我已数不清，也没法跟他们一一保持联系了。

刘易斯•托马斯通过自我观察发现了他的多个自我。

现代心理分析也创建了它的多自我理论，弗洛伊德认为人格由三部分组成，分别为原我(多数心理学书译成本我)、自我和超我，并以此为基础，创立了他的人格理论。著名的女性心理分析学家卡伦荷妮的理论中，人格也分为三部分:理想我、实我、真我。虽然弗洛伊德和卡伦荷妮只是把人看作是一个三人小团伙，但团伙也是一个集体。“人是集体”是心理分析学派的理论前提，这一前提是隐含的，虽然心理分析学派没有挑明这点，但心理分析一直在不假思索地使用它。

人心是个社会的另一重要证据是，反过来，社会经常被当做个人，被赋予人格上的意义。法律上，一个具有社会性质的公司，就被给予法人的地位。国家更给予人的性质。也就是说，既然我们可以把人作为一个社会，也不妨碍我们把人看做是一个公司。

人格分裂

人格分裂是常见的心理疾病，可以说每个人都有或轻或重的人格分裂。轻度的人格分裂一般是习惯性说谎者，说谎者的人格是分为两个自我，说谎者在不同的地方与不同的时间以不同的自我进行表达。严重的人格分裂者往往不能正常生活，患者有多个自我，会以不同面目出现在人们的面前，有时是个成年人，有时是个小孩；有时是个成熟的女性，有时是个男性；有时暴躁，有时温和。

刘易斯•托马斯在《水母与蜗牛》中，介绍了一个人格分裂患者。

据说，有些精神病者有不止一个自我。其中有一位为此病所苦的美丽聪慧的年轻女子，前些时曾受到资助，出现在一个电视讲话的节目上。她说，她自身拥有不少于八个别的女人，或者说被八个女人所拥有。那些女人各不相同，都有各自的名字，彼此争吵，排挤，都力图控制那个实体，于是引起无休止的混乱和窘迫。她(们)想摆脱她们(她)全体，当然除了她(们)自己。

人格分裂患者实际上是多个人共用或抢夺一个身体，类似于一个公司的多头管理，或多个领导人争夺公司的领导权，患者在不同的时刻表现不同的自我，主要看哪个领导人在权力的争夺中暂时处于领先地位。人格分裂进一步证明了人心是个社会，人实际上可以像国家内部分裂一样一分为二或一分为多。

人格分裂的第一个特征是分裂后产生的多个自我能和原来的自我取得平等地位。细胞学家用针头强行把细胞分成细胞膜和细胞核时，分裂而成的细胞膜和细胞核同它们的前身细胞是不一样的，也是不平等的。木匠把一张桌子分开后，产生的抽屉，桌子腿等也和原来的桌子是两回事，桌子和桌子腿是不平等的。这种细胞分裂和桌子分裂是一种个体的分裂，分裂后，个体也就不存在了。人格分裂后，多个自我平等存在的事实说明，人格分裂只能是社会分裂，集体分裂。

人格分裂第二个特征是人格分裂后，原来的自我仍然存在。成年自我分裂后，变成了一个成年自我，一个儿童自我，一个女性自我，原来的成年自我仍然存在。这就像一个母公司分出几个子公司后，原来的母公司仍然存在一样。对于细胞分裂，除了上面说的细胞学家人为的分裂外，还有一种正常的有丝分裂，一个受精卵细胞，分成两个独立的细胞，两个分成四个，四个变八个，以至于分手、脚等各种的人体器官到一个婴儿。但这种有丝分裂仍然是个体分裂，分裂后原来的细胞已经不存在了，被新的细胞取而代之了。

人格分裂第三个特征是分裂后，在心理医生的治疗下，人格仍然能恢复，多个自我又变成一个自我。这个特征对于生命个体的分裂来说是不可思议的，细胞有丝分裂而长成的婴儿，是绝对没有可能恢复的，他要么死亡，要么长大成人，再高明的医生也不可能让他重新回到娘胎里，成为原来的受精卵。

人格分裂这三个特征就明人格分裂只能是社会分裂，人心只能是个社会。一个人，不仅仅是个体，还能是社会，是群体和集体。

头脑分裂实验

从人心是社会这一观点出发，用人类理性的刀锋下切，就能得出这一观点，大脑也是个社会。

人的大脑是个极其复杂而又令人敬畏的器官。神经科学家查尔斯·谢灵顿称大脑是“令人陶醉的织机”。既是如此，心理学家和神经科学也不应该神化大脑，就像中学生不应该神化他的明星偶像。下落的石头和飞驰的星球遵循同样的力学规律，大脑和我们生活的社会则遵循同样的社会学规律，把我们生活的社会缩小了就是大脑，把大脑放大了就是一个社会。从本质上来说，我们的大脑和蚁群并没有什么区别，人的大脑中只不过是一个“超级复杂的蚁群或蜂群”罢了，每几个神经元细胞就是一个蚂蚁或蜜蜂。

在大脑科学中，有个著名的头脑分裂实验，人们对实验中发生的现象困惑不已。人心是个社会这一观点，可以很好地解释这些现象。

下面，先简述一下头脑分裂实验，该实验摘自《皇帝的新脑》一书：

我将提到和这些相关的许多奇异的观察，在这些试验中病人(或动物)的胼胝体完全被割除，使得大脑皮层的两个半球不能互相联络。在人的情况下，切除胼胝体是作为治疗手术来进行的，人们发现这是对受癫痫之苦特别严重的病人有效处方。罗杰斯·帕雷和他的助手在对这些病人动手术后进行了很多心理学试验，他们是这样进行的，左边和右边的视界受到完全分开的刺激，这样左半球只接受放在右边的视觉信息，而右半球只接受到左边的。如果用铅笔的画片在右边闪动，同时用杯子的画片在左边闪动，则病人只会说“那是一只铅笔”。显然只有铅笔被有语言能力的那一半所感知。然而左手会选一只盘子，而不是一张纸去和杯子做适当的相配。左手在右半球的控制之下，右半球虽不能讲话，却能实现某些相当复杂的人的特有动作。的确有人建议过，认为几何思维(尤其是三维的)还有音乐通常主要是在右半球内进行的，这样就和左边的言语和分析能力相平衡。右边头脑能理解普通的名词或基本的句子，并能进行非常简单的算术。

这些头脑分裂实验最令人吃惊的是，头脑两边仿佛两个独立的个人那样行为。每一半可分别与实验者联络。由于右半球缺乏口语的能力，它比左半球的联络更为困难，并处于更原始的程度。大脑的另一半可和另一半以简单的方式联络，例如看着由另一半控制的手臂运动，或听到指令的声音(像是盘子碰撞声)。但是，即使是两边之间这么原始的联络也可由仔细控制实验室条件消除。模糊的情绪仍可由一边传到另一边，然而这可能是由于那些没有分开的部位(譬如下视丘)仍然与两边处于联络状态。

人们忍不住会问这样的问题：在我们同一身体里是否居住有两个分别意识的个体呢？这个问题是许多争议的主题。有人会坚持说肯定“是”的，而其他的人则宣称两边都不能单独存在的。有人会争论道，对于两边能够有共同的情绪这个事实，可证明只含有一个意识单体。然而，另一种观点认为，只有左半球代表了有意识的个体，而右边为一台自动机。认为语言是意识主要部分的人相信这一点。确实，只有左半球能令人信服地对口头问话“你有意识吗？答复“是的”，而对右半球，正如一条狗，一只猫或一只黑猩猩，会困难到甚至不能解释组成这个问题的词，也不能正确地口头回答。

然而，这个问题不能这么轻易地放过。道纳尔德·威尔逊和他的合作者在一个更新近而引人注意的实验中考察了一位代号“ps”的病人。在分裂手术后，他只有左半球能讲话，但是两个半球都能理解语言；右半球后来也学会讲话：两个半球很明显都是有意识的，而且，由于它们不同的爱好和需求，所以显得有各自的意识。例如，左半球描述它希望成为制图员，而右半球希望成为赛车手！

所以，我和那些大致相信头脑分裂病人的两半各具独立意识的人立场相同。

如果两个意识后来又被合并在一起，则困惑就更恶化了。可以设想，在胼胝体重新激活后，结果只会有一个意识。

人心是个社会，意识实际上就是政府的活动，潜意识就是民众的活动。社会的分裂就和大脑的分裂一样，一个社会分裂成两个社会，就会组建两个政府，也就具有了两个意识，当两个社会合并时，就又成了一个社会，变成了只有一个政府；也就只有一个意识了。我们可以把科学家的科学活动看作是政治家的政治活动，把头脑分裂实验，看做是一部二十世纪的德国历史。第二次世界大战前，只在一个德国，相当于一个完整的大脑，战争结束，德国被划分为东德和西德，各搞各的，相当于胼胝体被切开，一个大脑被分裂两个大脑半球，柏林墙被拆除，相当于胼胝体缝合，东德和西德又成了一个德国，又变成了一个意识。

人心是个社会这一观点，对这个实验的解释是相当完全的，我们将在以后的章节中，对意识作进一步的讨论。

人格结构

生命的进化是个从简单到复杂，由低级到高级的发展过程。在这个过程中，组织化和结构化是它的基本特征，携带全部生命信息的基因本身就是一个双螺旋结构。存在于人们心中的内社会，其不可避免的也是一个结构系统，通过这种有组织的能量集结和能量释放，从而完成一定的功能，使我们成为外在社会的合格一员。

人格是描述人特征的最重要概念，“以人格作担保”是世界上最尊贵的“担保”，然而人格这个词的含义仍然混乱而又模糊不清的。

我们先就弗洛伊德的理论和其他人格理论进行介绍。心理分析理论实质上一个关于人格的理论，它是作为心理疗法的一部分发展起来的。弗洛伊德认为人格由三个主要部分构成，即自我、原我(弗洛伊德的原我一般被译为本我，在台湾人李明滨翻译的《自我的挣扎》一书中译为原我，本书采用了这一译法)和超我。自我是人格的组成部分，它的作用是使行为合理并且现实，是人格中负责执行的部分。原我是由未经社会化的基本冲动(包括性冲动和侵犯冲动)所构成的。超我即良心，它要求一个人做合乎道德的事，超我包括自我的理想和理想的自我形象。这三者都支配人的行为，因而相互之间不断发生冲突。按照弗洛伊德的说法，当自我在人格结构中占优势时，一个人就已经完成了适应自己与环境的理性调整。在自我支配行为时，即使无意识的原我所产生的欲望仍然要发泄，它们也会采取健康的、社会可接受的方式。例如，梦和失言就是这类无意识冲动借以表现自己的方法，自我还可以通过所谓的防御机制，无意识地不时否认某些现实，从而减轻并控制由原我和超我产生的心理紧张。

由拜恩博士所倡导的“沟通分析理论也是把一个人的人格分解为三个片段。这三个角色是(1)父母自我状态；(2)成人自我状态；(3)儿童自我状态。

从人心是个社会这一观点出发，也可以给人格结构一个不同解释。人心是社会，当然是个有组织有结构的社会，不会是散乱无序的，并且比我们存在的外社会更加紧密，更加完善。人格结构就是内社会的组织结构。

本书的理论认为，一般人的人格也是三部分组成，分别是真我、自我和情结。分别对应外社会的公民、政府和政党。

真我是存在于内社会中的公众，真我非常多，为了表述的方便，真我这个词汇即可作单数用，相当于外社会的公民；也可作复数用，相当于外社会的公众。

自我是存在于内社会中的政府，自我指的是一个集体组织。

就像外社会的政府也是由普通公民组成的一样，内社会自我由原我组成。这里的自我概念和弗洛伊德的自我概念有相似性，他们都是人格中负责执行的部分，自我负责协调人格和外社会的平衡。使人能够完成他的社会角色。自我也是驱力，因为它是由真我组成的。

情结是存在于内社会的政党，情结由真我组成，是内社会负责理想和意义的器官。情结也是性格发展的驱力，情结可以有多个。

人心是个社会这一观点中，并不像别的理论，三重人格结构并不是必需的，佛教得道高僧的人格结构可能就没有真我、自我和情结；精神分裂症患者则可能有多个自我，就像旧中国有两个政府，一个武汉政府和一个南京政府一样，内社会的情结则是多个的，只有一个情结的人反而有可能是心理障碍患者。

在人心是社会这个观点中，社会概念是从最广义的角度来加以使用的。社会可以是组织，可以是国家，甚至把人心比作一个公司也行。在本书中，社会一般指国家，并把国家的结构和社会结构一一对应。

禅宗心理学

为什么说地球上有生命？因为我们都见到了；为什么说月亮上没有生命？因为没有人见到；为什么说人心是个社会？因为一个人见到了。为什么说这个人已经见到了人心了？因为此人通过内观法已经“明心见性”，明心就是明白自己的本心，见性就是见到自己的本性。此人生于公元638年，卒于713年，此人一生诚实，自二十四岁后，此人就再没有说过谎话。此人说人心是个社会，那么人心就一定是个社会了。此人就是人类历史上伟大的杰出的哲学家和心理学家，一个至今仍站在世界心理学顶峰不世出的英才——中国禅宗六祖慧能。英国人把慧能、老子和孔子并称为东方三圣，并在伦敦国家图书馆广场立其塑像。《道德经》讲的是天地万物，《论语》讲的是社会秩序，伦理纲常，《坛经》，讲的是人心人性，自我认知。三部经典，共同构成了东方文化的核心。

在人类自我认识的历史上，真正彻底的心理学理论，就是中国佛教禅宗的人心理论。这一理论的集中表达就是《坛经》忏悔品中的四弘誓愿，它的内容是："自心众生无边，誓愿度！自心烦恼无边，誓愿断！自性法门无尽，誓愿学！自性无上佛道，誓愿成！"六祖慧能接下来说道："善知识，所谓邪迷心，诳妄心，不善心，嫉妒心，恶毒心，如是等心，尽是众生。"

"自心众生无边，誓愿度"的意思就是：我们的心是个社会，内有无数的人，有好人，也有坏人，我们要把心中的坏人都变成好人。佛经注释者都错解了六祖慧能的原意，把众生理解为人心中有碍解脱的思想、情绪，认为众生是六祖的比喻，而把"自心烦恼无边，誓愿断"中的烦恼理解为虚妄的念头。之所以要把六祖慧能"心中众生"理解为"人"或者自我，原因有：一是字面就这意思，大可不必另作他解，说这是个比喻。二是有碍解脱的思想、情绪和第二个誓愿中的烦恼，实在是差不多，六祖慧能不像佛祖如来，说话啰里啰嗦，多说一句废话就不是六祖的风格了。三是四弘誓愿是用来发誓的，口上流传的东西，不仅要求语言精，而且要求概括力强，六祖又没有推行信仰的强大的国家机器，也不会邪教的"精神控制"，就只有处处迁就信徒，想着办法说好每一句话，做到字字都有千钧之力，实在不能多浪费口舌。再者，六祖就是说废话也不会在四弘誓愿中说。四是，"自心众生无边，誓愿度"是四弘誓愿的当头炮，首当其冲的领军人物，如果解作"有碍解脱的思想、情绪"，显然压不住后两句：“自性法门无尽，誓愿学！自性无上佛道，誓愿成！”五是，把众生比喻成思想和念头，文理不通，是个病句。人和人的思想是两码事，鲁迅和鲁迅的思想是完全不同的。鲁迅能比作高尔基，鲁迅的思想能比作高尔基的思想，但就是不能把鲁迅比作高尔基的思想，即使是上海的美女作家和港台作家也不至于作出这种比喻。把“心中的众生”解释为“有碍解脱的思想、念头”从根本上就是错误的，这种解释完全混淆了“人心”与“人心的活动”的区别，也就是心与心理活动的根本区别。这种区别代表了佛家最根本的心理观，是佛家最重要的理论核心问题。思想和念头决不是人心本身，六祖慧能是绝对不会把两者混为一淡的，这一点我们将在下一章进行讨论。

综上所述，心中的众生就是指人心是个社会。自心众生无数，是六祖慧能对佛教理论的一个新发展，延续了佛祖如来的“人是四大合和而成”的这一思路，并进一步加以明确，人心是由无数个个体组成的群体。

“自心烦恼无边，誓愿断”的意思是人的内心烦恼无边，发誓断掉。烦恼像食物喂养着人们的生活，使人们一刻也不得安宁，这个烦恼也包括了心理障碍。虽然烦恼无边，但令人高兴的是，烦恼能通过一定的方法加以断掉，烦恼无边但不命中注定。

第三弘誓愿是“自性法门无尽，誓愿学”，把它翻译成现代的语言也有一定的难度。首先不要把“法”这个佛教经常使用的词庸俗化，法指的不是“炒豆芽的方法”、不是“候氏制碱法”，也不是“用大豆制作豆腐的工艺流程”，法指的是人生的道理（哲学），科学的真理等，是人意识的一种——理智的产物。任何庸俗哲学家都会向人们提出劝告：“多多学习做人道理，多多研究事物的道理”，但只有天才六祖慧才能在道理前面加上“自性”。自己的本性加上道理是什么？理性！这一点就石破天惊了。理性是什么呀？理性是现代科学精神的核心，单纯掌握知识和使用知识的人只是个工匠，只有信仰理性和拥有理性精神的人才能称为知识分子。人们之所以相信未来就是因为相信人还有理性，虽然兵连祸结，但世界还有救，再怎么说我们有理性吧！理性一直被人们认为是与东方文化无关的东西，是西方文化的产物。正因为东方文化“没有”理性，而饱受自家知识分子的摧残。文化巫师余秋雨吵吵嚷嚷着要清理中国文化，柏杨嚣张而又无知地说中国人“丑陋”，并自以为开出了治疗的药方，不想“丑陋”的中国人就要跟着理性走。有了六祖慧能的第三弘誓愿，这种中国文化没有理性精神的论点也应该打住了吧！“自性法门无尽，誓愿学”的意思就是人有无限的理性能力，人要向自己学习。

“自性无上佛道，誓愿成”翻译成现代人说的话就是人天生就有爱的能力，人们要学会爱，成就爱和拥有爱。佛性是什么？佛性已经让学佛者搞成了让人不所云的东西，其实佛性很简单，就是人们常说的基督耶稣的“爱”。爱是西方文化另一个核心，在西方文化中，人有爱就像蛇会爬，鸟会飞。佛性和爱一样，是每个人都具有的东西，无论南方人，还是北方人，都有佛性，青青翠竹，皆是法身，郁郁黄花，无非般若。在佛教眼里，人生有七苦：生老病死、怨憎会、爱别离、求不得，其中“爱别离”中的爱和西方的“爱”字面上一样，但内在涵义根本上是不同的。佛性和大慈大悲相当于“爱”，菩萨相当于耶稣，地藏王菩萨为普度众生而下地狱与耶稣为拯救世人而上十字架，其内在都是一致的。这一切由于篇幅所限，本书不在多加论述。

中国禅宗在自我认知的实践中，通过坐禅积累了无数关于人心的知识，这是禅宗心理学发展的基础，是中华民族最宝贵的财富之一。六祖慧能的四弘誓愿，构成了一个科学的心理学理论体系，这一理论严密而完整，我们称之为禅宗心理学。所谓的弗洛伊德和他那一派打满补丁的心理分析理论，以及行为科学等都根本无法和中国禅宗心理学相提并论。禅宗心理学在解释人类行为方面具有心理分析学派所不能比拟的优势，心理学派的潜意识、性格结构、心理冲突、人格分裂等概念都有其致命的缺陷，只有采用禅宗心理学的理论，才能克服这些缺陷。

只要你把人看做一高级的生物，而不是一台机器，你就得承认，人心研究是一个情感体验的过程，而不是一个智力认知的过程，心理学家不一定就比文盲更了解人心。研究人心问题，不需要回旋加速器，射电望远镜和无菌实验室，脑电波也显不出信仰，但研究者面临着和语言学家同样的困难，他们不得不使用的工具就是他们要研究的对象，这不是用望远镜来观测星体的问题，而是用望远镜来观看望远镜自身；用研究者自己的心来体验人心。与其说心理学是科学，还不如说心理学是艺术，一个伟大的心理学家或哲学家，光有智力是不够的，必须先具有完善的人格。卡伦荷妮就认为，心理分析者必须不断进行自我分析和自我研究，以求人格的完善。作为艺术的心理学，并不像科学的发展，依靠于知识的积累和时代的进步，它完全是心理学家本人的事。如果说李白、杜甫代表了中国诗歌的最高成就，那么六祖慧能就代表了世界心理学发展的最高水平。

每当提起中国禅宗，就让人敬佩不已，我们的祖先太伟大了。人类历史上，包括古代和现代，心理学的发展顶峰是禅宗心理学。现代的西方心理学，从根本上，还没有达到中国禅宗的心理学境界，中国禅宗心理学的伟大意义完全可以和四大发明相提并论。由于语言的隔阂，不能正确理解六祖慧能，可以说是中国心理学史的一大遗撼。

人心与社会的区别

上面说的是人心与社会的相同点，但它们毕竟有很大的区别，它们的层次不同，许多的特征也不同。它们的结构也只是相似而已，人心是集中的，而社会是分散的，这就是一个很大的区别，它们活动的强度也是有天地之差的。所以，严格来说，个体就是群体，人心就是社会只是个比喻，就像人们经常把家比作国，把国事比作家事一样。但这是一个很好的比喻，把问题全部说清楚了，尤其借助这个比喻讲清了人复杂的内在的心理活动。

第二章　人心中的个体——真我

真我的实体性

《坛经》说自心众生无数，为了风格统一，我给《坛经》说的这些心中的众生起了个现代心理学的名字——真我。真我是内社会的个体，人心正是由真我组成的。真我是真实存在的实体，它是大脑中或整个神经系统中的神经元细胞或细胞组织。

在人类研究精神现象的过程中，有两路怀着同一目的探险人马，一路是神经科学家，他们从微观的神经元细胞出发，想从对神经细胞和大脑的研究中，探讨人性的奥秘。神经科学家在对人精神探讨中还没有走多远，总的来说，一点成绩也没有。虽然有报载，神经学家对神经细胞的研究，将会彻底改变人们对人的本性等传统观点，但到现在为止，神经学家也没有拿出什么与众不同、让人耳目一新的看法来，或发掘出什么大秘密来，这些神经学家对人性的开掘到现在为止连个二流作家也不如。

另一路人马是哲学家、心理学家和文学家等。他们从宏观的人，人的爱、人的理性、人的本能等出发，来探讨人性的奥秘。由于这路人马不需要什么科学仪器和装备，只要多进行自我观察，多多思考社会和人生就行，所以他们出发得很早。从有人类的那一天起，他们就开始了对自我的提问，了解到自己的愿望驱使着他们，灵魂的秘密诱惑着他们。这一路人才辈出，如来佛祖、老子、庄子，以及所谓“西方三圣”柏拉图、苏格拉底、亚里士多德等，有很多都是大家熟知的大师。

到了近代的西方，诞生了一个以弗洛伊德为开创者的心理分析学派，他们提出的潜意识、超我、本我等概念和人格结构理论对艺术、哲学、文学等产生了深远的影响，并最终在美国开了一大朵花——许多美国人已经离不开心理分析了。然而，心理分析到了今天，还只是在概念和语言的世界里游荡，他们的理论还没有和神经科学家这一路人马接上头。

东方的中国禅宗，从六祖慧能接过五祖的衣钵起，就达到了探险的终点，并一直在等待神经科学家的到来。“自心众生无数”，这个众生是实实在在的神经元细胞或神经元细胞组织，就是那个长长的树枝状的东西。

真我具有人一切的特征，人能干啥它也能干啥。有一个心理学家说过：“给我一个神经细胞，我就能制造一个大脑。”实际上是，不用这个心理学家操心，如果有一个神经细胞，它自己就能制造一个大脑。

真我也是力量的源泉，真我的力量是生命的最基本的驱力。

真我具有组织能力。社会是个网络结构，各种各样的人们组成朋友网、老乡网、亲戚网等一个又一个的关系网，也只有在这个网中，我们才知道自己是谁，没有社会关系网络，单独一个人什么也不是，没有坐标系和参照物，就不可能来为一点确定位置。人的神经系统也是网络结构，真我和人一样也处在在网络中。真我会像人打电话一样进行彼此联系，像人一样一刻不停地忙碌着，并且“也不知道自己整天在忙啥”。神经元细胞能和周围细胞能建立惊人的联系，据说，个人大脑中神经细胞传递信息比全球所有电话线路中的信息总量加起来还要多，大脑的可塑性，就是因为神经元能互相联系并改变大脑的神经结构。

真我具有学习能力和理智。真我能通过学习来改变他自己，每个神经元细胞都能学习，每一个神经元细胞都会思考。真我具有情感，情感并不是整个大脑才有的功能，而是每一个神经元细胞都有的功能，每个神经元细胞都会爱。

人格实体

弗洛伊德最早提出人的性格是一个结构系统，性是这一个结构系统的基本驱力，随着心理分析学说的发展，人格学说得到了很大的完善。人格结构被定义为：把人之能量引向同化或社会化过程的相对固定的形式……人之特征及不可改变的最深层的习惯的和意见是性格结构的产物：习惯和意见是特殊的表达形式，在这种形式中能量通过性格结构而诱发。这种结构有很重大的生物学功能，因为在现实生活中，我们不可能每件事都慎重考虑才进行决策，不可能事事“三思而后行”，那样的生活就太不稳定和麻烦了，现实要求人们在小事上要快速而又平和地做出行动，去处理日常事务，甚至不容意识的审查，就能使生命和生活得以展开，完成这一功能的就是人的性格结构。

不同的人，人格结构是有差异的，这种差别和身体的差别不同，它虽然受先天气质的影响，但最终是后天的环境所决定的，是个人在一同的环境中，通过条件反射习得的行为模式的内在表现。性格结构的不同直接导致了人们行为的不同，例如，一个吝啬鬼，吃点小亏就能让他暴跳如雷和仇恨无比，吝啬鬼的行为只是表面现象，真正的差异在于，吝啬鬼的性格结构是与众不同的。又如，对于心理医生而言，说服患者改变他那荒谬的观点是他最困难的工作之一，就是因为这种观点后面隐藏着患者相对固定的性格结构。改变患者的观点往往意味着改变他的性格结构，遇到抗拒就不足为奇了。

人格结构是心理分析学派的基本观点，在心理学的发展史上且有划时代的意义。但心理分析把性格看作是一个结构，虽不是错误的，但起码是不够完善的，因为，单纯的结构本身没有实体性，不可能存在和行动，一定的结构必须有一定的物质实体作为他的基础。从根本上来说，人格结构永远只能是人造的概念，例如地球是真实存在的，但球形是不存在的，球形只存在于我们的意识中。

当人们说一座现代化的建筑时，会说它是钢筋水泥结构，谈起一座古代建筑时，会说它是砖混结构，人们总是强调建筑的后面实体，砖水泥和性格结构是同样重要的。更何况这是一个动力的生物结构，这个结构要行动，它的能量来源于哪儿呢？心理分析学派在说起人心时，总说性格结构、心理结构和心理模式，却不谈或少谈这种结构背后的实体，这使人们理解起来非常困难，这也是许多心理障碍患者难以接受这一理论的主要原因之一。

在人格结构的概念之上，这里提出“人格实体”概念。人格实体等于真我加人格结构。人格结构的概念应该被人格实体概念所取代，因为人的性格是真实存在的实体，而不只是个仅仅有结构的空架子，它是实实在在的神经元细胞和力量。

真我的最重要作用就是组成人格实体，常见的人格实体就是第一章中讨论的自我和情结。自我和情结是人心中的两大人格实体，对它们的分析与讨论是本书的重点，我们将在接下来的章节中一一展开。

真我与心理能量

汽车需要能源，人的行动需要力量，人们行为的内在动力和心理能量的来源，是每个心理理论都必须要加以说明的问题，这就是人格动力理论。回答这个问题并不困难，但心理学家和哲学家们，往往由于出发点的不同而得出不同的答案。

人是自由的呢？还是受命运支配的呢？自由和命运的问题是人们对生存处境的一个深刻的二律背反。当我们说“一切都是命运”时，我们的内心其实充满了矛盾，我们并不甘心把一切让给命运，正所谓“句句不畏死，正是畏死语”，口口叹命运，正是心不服；当萨特告诉我们“人是绝对的自由，人没有不自由的自由”时，我们又充满了犹疑，我们深深地体会到命运的力量，我们没那么自由！

从人的被动性出发，弗洛伊德构建了他的心理分析学说。从人的主动性出发，萨特也有他心理分析方法。虽然他们的理论都打满了补丁，但都能自圆其说。也许关于人是否自由这一问题和时间问题有深刻天然的联系，只要人们说起过去和现实，就会发现：一切都无能为力了。成功者该人家成功了，人家运气好或人家努力了，二战过后，一些德国将军说：“希特勒是德国的劫数。”过去的一切都是命运；但只要说起未来和理想，就会发现：一切还没有注定，希望仍在，只要努力就会成功，已经倾家荡产的赌徒，也会相信赌博女神将在下一次赌博时宠幸他，一切又自由了。老年人多相信命运，因为他们属于过去，年轻人多相信自由，因为他们属于未来。自由与命运问题可能是时间问题的延伸，或是它的附属问题，只有解开了时间之谜，人是否是自由的问题才会有答案。

信仰“人是自由的”的心理学家和哲学家们如萨特，认为人们是在追求，人是超越的物种，人之所以会行动是因为人的行动有明确的目的性，人是在主动地寻找食物和爱，而不是由胃和皮肤驱使的结果。而那些倾向于认为“人是受其命运支配”的心理学家和哲学家们如弗洛伊德，则认为人的行为是受潜意识的支配，并最终受性驱力的支配，人的行为深深植根于现实和过去。

萨特之所以反对弗洛伊德，就是因为弗洛伊德植根于过去和现实的理论，是他超越理论的死敌和真正的威胁。

心理学家只能相信现实和过去，相信决定论，因为相信未来和理想太浪漫了，心理学有变成文学的危险。当你读一下萨特的散文《占领下的巴黎》，你将为他的心理分析能力所折服，他真不愧是写《第二性：女人》的西蒙波娃的老师，能让西蒙波娃佩服的男人肯定有过人本领，但就是没人愿意相信还有属于萨特的心理分析学。心理学即使属于艺术，那也应该属于现实主义流派。

在对人们行为驱动力的研究中，有多种理论。其中著名的有马斯洛的需求层次论和心理分析学派驱力理论。

马斯洛认为人的需求是分层次的，一级一级的，像上楼梯。人要先满足生理需求，食色性也；接下来是安全需求，宁为盛世狗，不做乱世人；接下来归属需求，人需要社会，需要国家，需要单位（千万别下岗）、需要家人和朋友；再接下来是爱的需求，需要关爱，需要上帝的爱，朋友家人等的爱；最后是自尊需求，人要活得有面子。马斯洛的驱力理论很简单，但不是围棋那种因大美而简单，而是一种乏味的简单，一加一等于二似的，不用说明证明，人就能理解，说明证明之后也不能让人更加理解，更不能让人有所收获。

由于在心理分析学派的创始人弗洛伊德在世时，派内就出现了内讧，心理分析学派下面又分出了许多小的心理分析学派，所以这一派的驱力理论非常复杂。首先就是弗洛伊德著名的性驱力理论，在弗洛伊德的眼中，人活着全是为了性，人们被想和世界所有异性发生关系的愿望驱策着、奋斗着。人生的目的是什么？就是想做一群母羊中的那一头公羊。在弗洛伊德众多弟子中，这里介绍三个人，一个就是阿德勒，阿德勒认为人是被自卑情结所驱策着才去行动的。因为自卑，人就要去克服自卑，就努力用金钱、物质、性等来填补自卑的深渊。第二个就是弗洛姆，对于弗洛姆来说，驱动人行为的力量来自爱或人的生产性，人是爱的动物，爱是人的本性。第三个是卡伦荷妮的驱力理论，对于卡伦荷妮来说，人行动的力量来自对理想的追求，在她的人格结构理论中，理想自我是一个重要的组成部分。拥有一个切合实际的“理想自我”表明一个人心理健康，如果一个人的“理想自我”脱离现实则表明这个人是心理障碍患者。

在人心就是一个社会这一比喻中，也有自己的驱力理论。既然我们已经把人心比喻成一个社会，在回答驱力这一问题时，我们也就继续比喻下去，顺流而下，也能得到一个不错的答案。人类社会发展的动力来自人民群众，伟大人物也是群众的一员——特殊的一员。人心这个内社会的发展驱力，就来自“心中的众生——人体中的每一个神经细胞”，也就是说生命的驱动力无处不在。

真我本身就是力量，是人们行为的基本驱力。真我最集中存在的地方，是人的大脑，人的大脑不仅仅协调人的行动，而他本身也是需求的器官。在驱动人们行为的力量中，大脑扮演了协调者和饥饿者的双重角色。大脑是意义的器官，大脑的饥饿会导致无聊和空虚，作为饥饿者，大脑对意义和思想本身的渴求一点也不比性驱力弱。

真我也代表了来自人体各处的各种生理驱力，真我是这些驱力的所有者生殖器、胃、皮肤等都在人心中派驻有自己的代表，并通过神经信号的传导来互通信息。在人心是个社会这一观点中，真我代表的驱力非常广泛，除了性驱力和攻击驱力之外，它还包括饥饿驱力、呼吸驱力等生理驱力，总之真我就是生命力，是生命本身。

更进一步说，不仅仅真我是驱力的来源，由真我组成的自我也是驱力的来源。自我是人心中的政府，自我的活动就表达了人的意志，人的意志力从根本来说就是驱力。人的意志驱使人去行动，去达到成功的彼岸。

情结是人心中的政党，政党当然是信仰的组织，所以说情结是意义的器官。意义的表达形式很多，但意义最常见的表达形式就是思想，思想对人的动力作用无须证明，马克思说过，思想的闪电一旦照亮德国这块土地，德国人就立即解放而成为人，马克思本人也是讫今为止，对人类政治实践影响最大的思想家。美国医生作家刘易斯·托马斯的《关于思想的思想》，也从最核心的部分说明了思想怎样驱动人们去行动（这位医生也没能分清大脑与意识的关系）。

在醒着的每时每刻，人的大脑都充满了活泼的思想分子，称为想法。头脑就是由这些结构之浓云组成的。这些密云随机地从一处飘游到另一处。彼此相撞，反弹回来，再相撞，留下随机的，像布朗运动一样的轨迹。这些想法是小小的圆形结构，没有羽毛，只在一些突出，以便与某些具有同样感受器的其他的思想粒子相匹配而锁定。很大一部分时间里，这种活动什么结果也没有产生。一个想法遇到一个与之匹配的想法，匹配的这样密合，以至像宇宙飞船的对接。这样的概率在开始时是非常小的。

现在，所有大大小小的结构运动都有了条理，不停地运动，像几首《勃兰登堡协奏曲》。那些集合开始放出测风飘带，思想的羽毛。这些羽毛接触，黏合。有时，不太经常，有时候，所有粒子都组成团粒。所有的团粒互相联系，头脑变成一个单个的结构，已经能动了，能够进行有目的、有方向的运动了。这时，寻猎又开始了，寻猎类似的东西，带有匹配的感受器，从外向内寻觅。

思想在寻猎，我们在寻找与猎取，思想在头脑中转圈，我们在地上转圈；思想在转小圈，我们在转大圈；思想转内圈，我们转外圈，思想当然是人，而且是我们的主人。有多少个思想就有多少个主人，我们能不整天忙忙碌碌地侍奉主子吗？或无事生非地逗主子开心吗？

情结在驱动着人们行动。

在人心是个社会这一观点中，驱力有两方面与别的驱力理论不同。

一是驱力内在于人格实体中，力量和生命是紧紧相结合的。真我、自我、情结即是人格组成部分，也是驱力的来源，而在弗洛伊德的性驱力理论中，驱力是外在的。性驱力仅仅和原我有关，而和超我、自我无关。这一理论饱受诟病的主要原因就是他没有办法解释性驱力是怎样和性格结构结合在一起的？如果说性驱动一切，除了性以外没有别的力量的话，那么超我的能量从何而来，超我用什么力量去压抑强大的性驱力呢？性驱力不可能自己压抑自己。性就像一条河流，不可阻挡地向前奔腾。德国心理学家弗兰克曾讽刺弗洛伊德这一理论说：从来没有听说过河流自己为自己建电站的事。马斯洛的驱力理论更和性格结构根本没有关系，不论什么样的性格结构都有同一驱动力来源，生理需求，安全需求、归属需求、爱的需求、自尊需求，排着队来，本质上马斯洛是在玩概念。

另一个不同点是驱力的地位不同。马斯洛的驱力理论是分层次的，有的驱力更基本，更重要。弗洛伊德把性看得比什么都重要；在弗洛姆的理论中，为“吃饱肚子”而奔波是不能称为生产性和爱的，只能叫机械地被动适应。人是社会，人的行为和国家的行为一样，不是直线的，而是一个环环相套的网络。即使马斯洛的智商高达二百，人们也不会听从他的指挥，按照他划分的层次来逐步满足自己的需要。河南就有一奇事，某农民看别人有手机，羡慕！为了满足自己的虚荣心，就把自己的女儿给卖了，用卖女儿的钱买了手机。这位农民朋友显然比中国的心理学家高明，他对马斯洛的需求层次论蔑视至极，为人处事大违常理。

在人心是社会这一观点中，驱力在人的发展和性格形成方面具有相等的地位，真我、自我和情结从本质上都是平等的，性驱力、饥饿驱力、呼吸驱力都很重要，都一样重要，饥饿和爱情只是人们全部需要的一部分。当然，在不同的时期和不同的地点，根据不同的情况有的驱力和需求更重要。例如，在非典型肺炎期间，呼吸驱力的作用就比性驱力大得多。

真我和意识

用意识来说“意识本身”，是件出力不讨好的事，因为意识像一只狡猾的狐狸，保不准，打不住狐狸弄一身臊。更糟糕的是，这根本就不是猎人在打狐狸，而是狐狸在打狐狸，两只完全一样的狐狸在互相追逐，弄上的可能是双重臊——别人还没有听明白，自己倒先糊涂了。或者根本就是“自己咬自己的尾巴”给别人看，别人尚在惊奇这是怎么回事时，自己已经遍体鳞伤了。可是只要是探讨“人心”，就没法绕开了走。

人心与意识的关系

意识和物质的关系问题是哲学的首要问题，物质第一性，意识第二性是马克思主义的哲学观，也是心理学研究中指导性哲学观。心理学从根本上说是研究意识和了解意识的科学，归根结底，意识是心理学的唯一资料，意识问题是心理学的第一问题。意识有两种词性：不及物动词和名词，作不及物动词时如：意识到了危险，含义相当于思考、思维、感觉等；作名词使用时，意识有多种不同的表现形式，如意志、意义、思想、潜意识、理想、真理、理论，等等。因为作及物动词的意识和作名词的意识之间区分并不重要，所以在下面讨论中的意识一词同时拥有两种词性和两种含义。

意识是人的心理活动，是人心中的真我进行的社会活动和艺术活动。没有大脑中神经细胞的活动，就不会有意识的存在。佛教的坐禅就是要取消意识，一些禅功深湛的老和尚，虽然在清醒状态中，也没有意识的存在，《坛经》中的“卧轮有伎俩，能断百思想”讲的就是：老和尚卧轮，能在坐禅中了断一切思维意识。

“值印宗法师讲《涅槃经》，时有风吹幡动，一僧曰：‘风动。’一僧曰：‘幡动。’议动为已。慧能进曰：‘不是风动，不是幡动，仁者心动。’一众骇然。”

《坛经》这样安排意义深远，佛教已经认识到物质和意识的关系问题是哲学的第一问题，六祖之所以被承认就是因为他正确地回答了意识是什么这个问题。

意识是大自然的真正杰作，世界上的一切只有通过意识才能显现。意识虽然不创造物质，但意识是物质显现的阳光，没有意识，就永远不知道还有物质。只有意识的本质问题才是困扰人类的基本问题，在这个问题上，现代人并不因为知识的增多而拥有更多的发言权，现代人知道的古人都知道，古人不知道的现代人也不知道。原本与这一问题无关的物理学，在发展到量子力学时，也出人意料地碰上了它，物理问题无奈地变成了一个从来没有统一答案的哲学问题。也许意识的本质问题从根本上就是生命本质的问题，只有回答了生命本质的问题，才有可能回答意识的本质问题。

人心与意识的区别

要想理解意识，就要注意“人心”和“人心的活动”的区别。“人心”就是人的本心，大脑神经元细胞和细胞组织，也就是本书说的真我和“心中的众生”。人心不是意识，人心的活动才是意识。美国心理学家詹姆斯认为意识是不断流动的河流，就是人们常说的意识流。

人心虽然是个复杂而有秩序的社会，但人们在意识所知的范畴内，体会不到心的存在，只能体会到心的运动。在没有疾病的情况下，大脑并不显现自己的存在，这和人们体会胃的存在一样，正常情况下，它们和我们各做各的事，互不干扰，彼此协调，一边消化，一边思考，一边和人聊天，一边操心着烧在火上的水。即使是一个已经完全心理变态的社交恐怖症患者，在其意识可知的范围内，体会到的只是人的可怕，只是人与人的冲突，而不是其内在的心理冲突，只有在专业的心理分析人员指导下，他的心理冲突才能被揭示出来。正因为人心是隐藏的，所以“明心”是很困难的一件事情。

五祖讲了本心，《坛经》中，祖知悟本性，谓慧能云：“不识本心，学法无益；若识自本心，见自本性，即名丈夫、天人师、佛。”六祖慧能第一次讲法，就是从意识和心的关系开始的。这两个情节，基本反映了佛教的意识观，从中也可以看出，佛教严格区分了“人心”和“心动”。

《坛经》这样的安排，意义深远，一是表明《坛经》来源于《金刚经》；二是要想明心见性，就必须从认识意识与心的关系开始。不论风动，还是幡动，要想在意识中反映出“风动”或“幡动”的结果，必然要有“仁者心动”这一过程。单单从《坛经》这两段中，每一个人都知道“本心”与“心动”不是一回事，是两回事，但实际上并不这么简单，人往往一到事上就迷。思想不是心中的众生，而是心中的众生的活动！但对《坛经》中四弘誓愿的误解太普遍了，这种误解少说也有几百年了吧！有的人疯狂地信仰某种宗教，把宗教中的信念（意识的一种暂时形式，人心的一种活动方式）当做绝对不变的真理，从而骄横地对待不信仰他的那种宗教的人，骂别人是异教徒，用战争和暴力来传播信仰。

多数人认为佛教在哲学上是唯心主义，拜菩萨完全就是封建迷信；我国十大文化巨匠熊十力认为，佛家是唯识主义。实际上这些观点都是对佛教的误解，从哲学上来看，如来佛祖和六祖慧能都是真正的唯物主义者，只不过佛教比起别的哲学流派和宗教来，特别注重意识的作用，特别关注人的内心世界，特别关注精神的成长罢了。意识能动地反映物质世界，这种反映可以是正确的反映，也可以歪曲的反映。多数人即能部分正确反映，也有部分歪曲反映。怎样让人的精神独立，怎样让人的人格成熟，从而正确地反映物质世界是佛教全部努力所在。于是佛教从实际出发设计了许多好的办法，好的教育方法，因材施教什么的。好妈妈慢慢来，对坏孩子有适合坏孩子的方法，对好孩子有适合好孩子的方法，对于精神上不能独立和人格不完善的人，如来就暂时给一个信仰，给一个精神的港湾，让人暂时歇一歇脚；一旦人的精神获得独立和自由，如来也会毫不客气地赶走你，诃佛骂祖随你便。

精神独立的过程就是认识本心的过程，正像了解大自然就要深入大自然腹地，就要走崎岖山路一样，认识人的本心也需要道路，进入内心世界的道路。从意识通往人心道路就在《金刚经》里，而意识是这条道路的唯一路标。如来在《金刚经》中，啰里啰唆，不厌其烦地强调：“是名菩萨，而非菩萨；是名大身，而非大身；是名如来，而非如来；是名佛，而非佛；实无有法为佛法；是名佛法，而非佛法。是名我相，而非我相”。认识本心的道路就是“是名之，而非之”这一句式，意识的过程是给万事万物命名的过程，万事万物因之得以在语言中显现，这个过程的反过程就是认识本心的过程。疯子和正常人相比，每句话都要说三遍以上，而如来在《金刚经》使用“是名之，而非之”句式何止三遍以上，基本上句句不离。如来佛祖在《金刚经》中所说的，实际上是在给人带路，带领人们走向自己的内心世界，佛祖的啰里啰唆实际上是不辞劳苦地在路上往返，一趟又一趟地给人当导游。《金刚经》非常神奇，单单阅读《金刚经》本身，就能让人心灵宁静，老和尚念经可决不是胡乱念的，老和尚是在念经中回归自我，在念经中调整自己的心理世界。念经是佛教特有的修行方法，《金刚经》实际上是一部心理学著作，念《金刚经》是世界上最简易最有效的心理治疗法，通过念经就能去除心理障碍。念经这种方法从意识这个根本问题出发，抓住了事物的最关键部位，比现在任何流行的心理疗法如自由联想，人本主义疗法等都要高明。在整理书架时，应该把《金刚经》和《苹果病虫害防治一百问》、《家庭常见病防治》、《怎样当一个好导游》、《炒菜法》、《驭夫术》、《怎样嫁给大款》等这些工程技术类的书放在一起，而不能把《金刚经》和《论语》、《道德经》、《圣经》等这些宗教道德类的书放在一起。所有的事实都证明，谁也逃不出如来的手心！

意识在哪里

意识是第一实践活动，是内社会的实践活动。实践是检验真理的唯一标准，真理只不过是一种特殊的实践活动，这个世界上没有真理，只有人的实践。

意识在哪里？意识不仅仅是大脑的活动，是整个神经系统的活动。心理统计学家们往往认为，大脑是意识的所在地，只有大脑才会产生灵感。有的神经科学也附会这个说法，并进一步地认为，只有眉毛后面的那一块大脑皮层才会产生灵感，所谓“眉头一皱，计上心来”是也。实际上人的意识存在于全身各处，皱皱眉毛就皱出来的灵感只是小聪明，大智慧存在于全身各处。如果说科学家的灵感来源于大脑的话，那么马拉多纳的灵感定然来源于他的脚。大脑是人的司令部，占据着重要的地位，但士兵何尝不是也在指挥着司令，任何一个司令也得听取士兵的报告和意见，离开士兵他什么也不是，司令和士兵的关系是一个互动的过程。

在量子力学诞生的初期，物理学界发生了一场影响至今的争论，争论一方是爱因斯坦，另一方是玻尔。爱因斯坦每提出一个问题，玻尔就能给出一个让他恼火的回答，战无不胜的爱因斯坦给逼急了，伸出了他的手指头，道：“我的手指头告诉我，量子力学是错误的。”这说明手指头会思考问题，我们的手指是有意识的。

皮肤是大脑的延伸，实际上就是另一种的大脑皮层。大脑皮层与皮肤的关系是城市交通道路与乡村公路的关系，哪条路上都通车，皮肤当然能思考有意识。世界最高雅的黄色小说作家英国的劳伦斯就坚信，人的皮肤有意识会思考。

男女的生殖器官是除大脑外人类神经细胞最集中的地方，生殖器官可以说是人的第二意识所在地。在日常生活中，男人的生殖器官就有“小头”、“老二”、“小弟弟”的雅号，这种叫法几乎在全世界流行，这里面就暗含有男人的生殖器官能思考能意识。不仅仅如此，男性生殖器这时已经有了人格的意义了。西蒙波娃在《第二性》中写道：较谦逊的女人也常不免给小男孩的性器官取个别号，与他谈起它，仿佛它就是他，她们把它当做“另一个自我，比本人聪明，伶俐，而又诡计多端”。

如果说人的左右大脑半球是人体的南北极，那么男人的“老二”就是人体的第三极。对于夫妻关系，有“床头打，床尾和”的说法，性在夫妻关系的恢复过程中起了很大的作用，应该说“老二”也帮助大脑进行了一次决策：和好吧！人的身体肯定会思考问题。

手指、皮肤会思考能意识，它们的思考和意识比起大脑来有所不同。它们显然不会说话，不会用语言进行意识和思考。除了诗人、作家、语言哲学家外，一般人都不会太计较它们能不能使用语言。由于它们不会用语言思考，所以它们有点笨，思考问题直来直去，就一个心眼。笨是笨点，但它们挺深刻的，它们不是帮助爱因斯坦在思考量子力学问题吗？量子力学可是物理学的尖端呀！有的人虽然长了大脑，但从来不用于思考，大脑皮层平坦得像华北平原或康佳境面电视，行尸走肉一个，顶着“大头哥哥”在人群中晃来晃去的，倒是他的“小头弟弟”还有些独立思考精神，还能坚持自己的意见。

当然，这里所有关于意识的看法都是个人观点，并且无法证明。虽然无法证明，但读者却能理解，这就是意识问题的基本特征，它永远超越于科学证明之上。手指、皮肤思考和意识也许就是我们常说的挺神秘的直觉吧！

第三章 人心中的政府——自我

人格的成长

生命的成长本质上是个结构化和组织化的过程，是从高熵到低熵的过程，人格的成长作为生命成长的一部分，也遵守这一规律。在成长的过程中，真我依其理性和情感能力，最终将建立自己的组织——各种人格实体，完成人格的统合，使人成为一个整体。散乱的意识活动越来越有规律，最终达成统一的行动意志。有时，人格统合的过程也会半途而废，以失败而告终，典型的例子就是上文叙述过的多重人格，比较轻的例子就是心理障碍，在以后的章节中将会加以详细说明。

研究人格成长的过程是心理学的主要内容，每一个心理学派都有自己的分类方式。弗洛伊德，人称他是闯进科学花园的一头野猪，他的人格发展分类，以性的发育为标准，从前到后有口欲期、肛欲期、生殖器期。本书也提出自己的人格发展理论，本书的人格地发展理论和弗洛伊德的理论有很大的不同，下面讲本书的人格发展理论。

人格的成长和社会的发展遵守同样的规律。众所周知，社会的发展分为：原始社会阶段、奴隶社会阶段、封建社会阶段、资本主义社会阶段和共产主义社会阶段。人格的成长过程也可以分为这样几个发展阶段，根据人格成长阶段的不同，人格也可以粗略地分为原始人格、专制人格、民主人格和理想人格。

儿童时期是内社会发展的原始社会阶段，在这一阶段中，内社会处于发育的初期，神经系统发育还不完善。儿童还没有完整的自我，内社会没形成一个政府，没有形成为了某种日的而奋斗的统一意志，儿童的精神世界是父母精神世界的一部分。儿童在父母翅膀下，就像原始社会的人类仍在自然的黑暗中，有同在的温暖和被要求成长的恐惧。儿童的信仰就像原始社会的信仰一样，是个大杂烩，内容虚幻，不连惯。在儿童的眼里，世界是由一串串奇迹构成的。儿童的人格很原始，像原始社会的组成结构。

青少年时期是人生的特殊时期，是内社会发展的封建社会阶段。青少年的人格往往专制而又独断，一意孤行而又充满了力量。青年处于社会的入口处，一方面他们没有能力自己养活自己和决断自己的人生方向，没法在经济上和精神上取得独立；另一方面他们的内心渴望独立，渴望自我统合。这种寻找最终多表现为偶像崇拜，童年时期崇拜孙悟空，现在开始崇拜孙楠。崇拜的对象从神话人物到现实人物，表明青年开始了从幻想走向现实的过程，但“偶像崇拜”这种行为的本身仍然是人格不成熟的表现，表明青年人在精神仍然在依赖外在的事物，真正强大的精神力量还没有凝聚起来。青年人也许是有力的，但还不是坚强的。

对于青年而言，重要的是人格的独立，而不是对与错的纠缠。他们的反抗更多的是一种象征，反抗作为一种姿态本身比反抗的内容更重要。下面就是《参考消息》刊登的一个例子。

针对美国饶舌歌手“痞子阿姆”反复以粗话咒骂母亲的行径，总统布什忍无可忍，公开怒斥阿姆是对美国青少年最具危险的威胁。目前正在英国各地巡回演唱的阿姆，每次登台不论说话还是演唱，总是脏话连篇，甚至随兴所致地辱骂自己的母亲。一些社会团体虽然指责阿姆辱骂母亲的歌词，实际上是一种歧视女性的言语，但是他的离经叛道却使许多美国青少年崇拜。

社会的变革是一场革命，人格的变革也是一场革命，推翻封建统治是一场革命，从青年的专制人格到成年的民主人格，也要经历一场革命。这场革命就是恋爱，俄国作家伊凡·屠格涅夫把坠入爱河的热烈时期比作一场革命："初恋的的确确像一场革命：生活中正常而又稳定的秩序一旦之间便土崩瓦解；青春站在街垒上，其鲜艳的旗帜高高举起在空中，向未来致以其欣喜若狂的敬礼，其结果是死亡还是新生，一切都无所谓。"在恋爱的作用下，多数的青年人能完成这一革命，但一部分人无法完成这一革命，人格发育便会停留在专制阶段而终生不变。

在完成反抗和政变之后，人心中内社会就进入了成熟的成年时期。这一时期对应资本主义社会和更高的社会主义社会阶段，我们可以大约地说这时候人的人格是民主人格。一个真正的成年人应该是适应社会的，是社会真正的中坚。无论是经济上还是精神上，成年人都是独立的，他们已经摆脱儿童的幻想和青年人的偶像崇拜，用个人强大的精神力量去直面现实。

内社会发展的最高阶段，就是理想社会或共产主义社会，虽然说理想社会还没有出现，但个人人格却可以超阶段发展到理想社会，出现理想自我。理想人格是人发展的最高境界，外社会还没有一种社会制度与之对应。我国的社会还没有达到共产主义社会，但可以先有真正的共产主义战士出现。人可以自己超越他存在的社会，先达到理想人格，就像封建制度下，多数人为适应社会就成了专制人格，少数人则超越社会，先达到民主人格一样。

每个人都要经历上面的所述的几个阶段，这实际上就是精神成长发育的"返祖现象"。把人心类比成外在社会，相对于人的复杂性而言，实在有些狭隘，还是低估人心了。人更应该是个小宇宙，人的生理发育经历了全部生物进化史，并最终超越了动物界。人的精神成长则经历全部的社会进化史，有的人能最终超越社会历史。这才是真正的万物皆备于我，古希腊人索福克勒斯说：“世上奇异多，人则居其首。”中国的一个和尚也说过，世上最奇异的事莫过于“独坐大雄峰”，人心之奇，真让人目瞪口呆。何必出去旅游呢，多到心里看看，收获比干啥都多！

自我

自我是最大的人格实体，是存在于内社会的政府。这里使用的政府概念，并不是现代意义的政府概念，而是整个人类的发展中的政府概念。人类在原始社会和封建社会时，并没有现代意义立法权和司法权概念，酋长或封建专制者本身，就拥有一切权力和责任，大大小小的事都要管。随着社会的发展，立法权和司法权从行政权力中分离出来，有了议会和最高法院、最高检察院等行使各种权力的机构，官官相护地形成了一阶层。这一阶层虽然看上去很复杂，也被有人吹嘘为人类历史上最好的制度，但作为一个整体，它只是酋长的放大，或只是放大的政府。本书中的政府指的就是包括了立法和司法机关在内的整个统治阶级，或者说是管理阶层。

自我是人格中的执行机关，他对内协调着我们的各种需求，并使人们的内在需要，以合乎社会规范的方式得以表达，对外则完成我们的社会功能。

自我的第一个功能就是执行社会规范，在现代社会中，如一个男子爱上一个姑娘，他需要进行下列步骤，追求、恋爱、求婚和举行婚礼；而在四川的某一少数民族，民风淳朴，他就不需要进行上述的麻烦程序，而采用“走婚制”。

自我的第二个功能就是压抑，压抑不符合社会规范的内在需要，如一个男人，虽然非常爱他的美丽已婚女同事，但他必须压抑他的爱，因为社会不允许他做第三者，从事这一压抑工作的也是自我。

自我的第三个功能是社会功能或社交功能，在社交中，每个人都是作为一个整体被体验的，人只一个自我，有多重人格者被认为是心理病态，人们仍要把他作为一个人来看的。自我的形成过程可以说就是原我的社会化过程。社会在一定角度可以看作是一个电脑网络，如互联网，每个人脑是网络内的一台主机。自我就是主机的操作系统和网络层，对内管理计算机的各种资源，对外进行网络互联，完成的单机网络功能。

总而言之，自我是意志的执行机关，自我力量代表了人的意志力。在现实社会中，有的人意志坚强，有的人意志软弱，都不是凭空而来的，都有它内在的原因。这个内在的原因就是人的自我种类不同，自我发育成长的情况不同。除去智力的原因和体力的原因以外，单单从意志的角度来说，人在出生之时都是一样的，刘禅和康熙大帝生下来在意志上并没有区别。后来，一个人之所以意志坚强，而另一个软弱无能，完全是因为后天的环境造成的：在不同的环境中，一个人的自我发育完善，另一个人的自我发育受阻停滞。

自我的类型

人格结构和外社会的政府一样，形式复杂。国与国之间的政府组成千差万别，一个国家不同的历史时期政府组成也各有不同，可以说有多少种社会就有多少类型的政府，有多少类型的政府就会有多少种自我。人们行为方式的复杂性就来源于内社会结构的高度复杂性，人们的行为是否可以改变在于内社会结构的高度可塑性。进一步地说，人的社交能力、领导能力、办事能力、爱的能力、意志、感情、思想、观念等，这些我们日常生活中常说的比较抽象的东西实际上并不抽象，都有他的内在人格基础，都与个人的生理神经系统有很大的关联。西施有西施的长相，东施有东施的长相，老虎的生理结构适合吃肉，羊的生理结构适合吃草，好人有好人的大脑结构，而坏人也有坏人的大脑结构。正因为如此，人的能力提高和情感观念的转变是非常困难的一件事，由此造成的流血牺牲在历史再也正常不过了，从孙中山那一拨人算起，就有人不听地呼吁让“科学先生”和“民主先生”来中国定居，但一百年过去了，这两位先生的中国公民身份还不确定吧。职业流氓们进一回监狱，出来后不仅不改悔，往往更凶残，主要是因为他们的神经系统已经发育定型的缘故。不是他们不想改，而是他们不能改，不是驼子想弯腰，而是他根本就直不起来，罪犯不是比平常人邪恶，而是比平常人不幸。从伦理上来说，人们只能同情他们，而无权高高在上像救世主一样地指责他们。

旧社会上海滩的青帮头子杜月笙，混迹于大千世界，啸聚于城市之间，占街为王，一生历练，阅人无数，总结分类了四等人。上上等人，有能力无脾气；上中等人，有能力有脾气；下中等人，没能力没脾气；下下等人，没能力有脾气。这四种分类，眼光独到，有科学根据，比许多心理学家的分类更科学，内社会的观点对自我的分类吻合了杜月笙的看法。杜月笙的用语不够精练，上上下下、有有无无的像绕口令，为了描述的方便，本书改为一等人、二等人、三等人与四等人。

杜月笙的能力实际上指的是能动性和力量的结合。能动性就是人对力量的控制，单纯的有力量而不用到正确的地方，没有对自己和社会作出贡献不能说有能力。原子弹有力量，但不能说原子弹有能力，拳王泰森有力量，但他是唐金的工具，所以不能说泰森有能力，唐金加泰森就可以说他们有能力了。

对于脾气，人们有两种错误的观点，一种是人的脾气是天生的，另一种就是“脾气坏”是件好事。从这两种错误中可以看出，自知是何等的困难。人的脾气在自家身上，但真要想找到正确的原因，和钻探工人找矿石一样的困难。那些不信“命”的笨蛋们，也太胆大无知了。实际上，人的脾气是后天形成的，并且可以更改。脾气反应人的紧张程度，人内心越紧张，脾气越大；内心越放松，越没脾气。人的内心越放松，精力就越容易用到外在事业上，有能力也就非常正常了；脾气越大，内心越紧张，内耗越严重，用在事业上的精力就越少，没能力也就再正常不过了。对于脾气和能力的这种精确对称的负相关关系，在下面对自我类型的介绍中，将作穿插讨论。

常见的自我结构类型有：民主自我、专制自我、原始自我、理想自我以及心理障碍患者的混乱自我和完全病态的多重自我。下面就各种人格的特点作一个说明。

1. 民主自我

民主人格是成熟的人格，内社会的政府实行民主共和政体，这种人有能力没脾气。

在这种内社会中，整体气氛轻松活泼，心中的众生你爱我我爱你，为了共同的大目标而多奉献少索取。每一个众生都有权发表自己的感受，每一个众生的权利都能得到维护，主人也从不自虐。这种类型的自我代表了个人整体利益，人心中的内耗轻微，人的意志非常容易集中，大部分精力都用在外在的事物上，从而具备了干事业的基本条件。

国家有自己的四项基本原则，人也有自己的做人原则；国家要奔小康，要自立于世界民族之林，人要致富，要活得有面子。人安排自己事情和前途而作决定的过程与国家决定自己的大政方针的过程是一样的。对人来说，思考的过程实际上开会的过程，思考等于开会，开会就是集体在思考。民主自我的决策过程就像是人代会或议会在开会，在充分考虑了自己内社会的各种感受后，争论、争吵至于最后妥协，到作出正确的决策。

美国作家刘易斯·托马斯显然体验到了他的自我动作过程。这也是摘自第一推动从书。

说真话，有那么几次，他们(自我)还一齐来过，像电视上的女孩子一样，吵吵嚷嚷，都想得到青睐。他们组成整个的委员会，一个住房委员会，一个牢骚委员会，甚至还有一个委员资格委员会，也不知道他们是怎么进来的，从来没有个主席。我当然不是。顶多，我是个行政助理。从没有议事日程。末了，我只好送些水果、点心之类来让大家提提神儿。

“我们干吗要开会？很难说。砰的一声门开了，呼啦啦他们拥了进来，叫唤快开会，然后一齐讲了起来。说也奇怪，那并不仅仅是乱吵一通；他们会在讲话中留出空间，这样一个人讲话的词语会插入别人讲话里不声不响留下的缝隙。好的时候，那感觉就像一场极其复杂的对话，可也有些时候，那声音更像有拥挤的车站从远处听到的嘈杂声。更坏的时候，各音部的没有同步进行，而是彼此打断；那时，就像所有的文件突然被风吹离了桌面。”

刘易斯描写了自己内社会议会开会时的情景，刘易斯是真正的民主性格的人，他的自我比任何国家的议会都更民主，只有行政助理，没有议长和主席的议会，也就没有了特殊的议员。再没有比这更民主的议会了。

2. 专制自我

专制自我，也是一种成熟的性格结构，这种人有能力有脾气。拥有专制人格的人，心中就没有这么多嘈杂的声音和个人，他们的心中只有一个人——独裁者。

专制制度，现在名声不好，人们已经厌恶了，但真正的专制制度仍有它历史进步的一面。真正的专制制度是民主制度的战时制度，如果战争的威胁一直存在，民主制度也不得不变成专制制度。在我国的历史上有许多比较成功的专制制度，汉光武刘秀的光武中兴，李世民、武则天领导下的唐朝社会以及康熙王朝，等等。并且，许多专制统治者本身的才干也不次于那些民选的总统或首相之类的现代领导者，武则天的才干就比现代的许多女首相们和女政治家们高明得多；比刘秀更杰出的民主制度下的民选领导人也不多见。一些好的专制自我拥有强大的意志力，这种人在现实中也可以非常成功，他们往往能成为严格的管理者，严肃的父亲等。

比起民主自我来，专制自我仍有很大的缺陷。有专制必有压抑，“严格要求自己”必然导致内心的紧张。世界的复杂性超出了人们的想象，“追求完美”的本身就是一个大缺点；严格的本身产生了脾气，产生了“不严格”。德国人以严肃著称于世，但德国人喝啤酒喝出了世界第一。严肃导致了紧张，紧张就要释放！喝！醉了就不用严肃了！专制自我的人必然有坏脾气！只能是个二等人。二等人的内社会是有很大内耗的，他的精力一部分被紧张分走了。他的意志虽然强大，但往往很难细水长流，好的皇帝是可遇不可求的。人民代表可能有看花眼选错领导人的时候，但最终人民群众的眼睛是雪亮的，错误只能是暂时的，现代的领导人整体素质比古代专制者素质高也是不争的事实，还是社会民主些好！更准确地说一等人的能力显然要比二等人的能力全面。

专制自我的人往往很容易认死理，为人处事不会通融。中国历史上有名的海瑞，其自我就是专制自我。海瑞为人清正没说的，但他只会清正了，海瑞的眼里揉不得半粒沙子。他本人也同时是个封建卫道士，残酷地逼死了追求爱情的亲生女儿。在内心专制自我的统治下，海瑞的人性早就泯灭了。

3. 原始自我

原始人格是内社会的发育，在原始阶段就停止了，智力虽然发育到了成人，性格仍然是儿童性格。这种人的自我就像是联合国，软弱无能，是典型的老好人，没能力没脾气。之所以会有这种人，原因复杂，一是这种人的父母本身就是原始人格，孩子在发育过程没有领路人，心中缺少强硬的父亲形象或成熟的母亲形象。二是，父母早亡或缺少关爱，孩子的人格发育过早处于停滞状态。

原始人格的人，也许会很聪明，但永远不会精明。这种人，性格单纯，依附性强，对事没主见。历史上的刘禅、唐玄宗和吕布就是这样的例子。作为皇帝的刘禅和唐玄宗典型的特征就是无主见，忠臣和奸臣的话都听。吕布并不笨，心肠也不坏，比张飞的心好，可惜的是，他的人格发育不完善。刘备只是投奔他人，投奔中甚至有利用别人的成分在内，吕布则不同，一旦依附别人，就过火地依赖，认人为父，人称“三姓家奴”，另一方面吕布的意志力非常弱小，定力全无，就像小孩一样，左右摇摆不定，投降得快，投降之后“反投降”得更快，一个“赤兔马”玩具，就能让他变节。

4. 冲突自我

混乱自我就是心理障碍患者，这种人的内社会处于战争状态，冲突不断，大部分精力都消耗在内战中，当然也就没了发展经济，学习科学知识，以及当国贼禄鬼的精力，没能力有脾气就是这种人的必然特征了。人心中的冲突原因非常复杂，本书将在后面讨论。

拥有这种自我的人多数无法正常生活，谎言、贫穷、犯罪、吹牛、自卑与保守困扰着他们。这种人阴阳不调、神经质、性格内向，做事和考虑问题好走极端，脱离现实，他们内心的世界错乱得像中东局势。历史上，一旦统治者无法处理国内矛盾，就会搞侵略，转嫁矛盾。这种人也会转嫁心中的矛盾，心理分析称为外移。外移常见的方式有：不务正业、极端爱财、四处哭穷、四处招摇“做女人难，做名女人更难”，等等。比较幽默的方式有：迷足球，不要老婆孩子；赌博，卖老婆孩子；家里一贫如洗，连老婆孩子都没有，却要徒步走遍全世界，要战胜自我等。

5. 多重自我

在第一章中，讨论了社会分裂和人格分裂。社会分裂的直接结果是一个国家两个政府，人格分裂的直接结果就是多重自我。多重自我和解放前的中国一样，一个国家两个政府，一个蒋介石的南京政府，一个汪精卫的武汉政府。多重自我比起冲突自我来，情况要糟糕得多，完全是一种疾病了，多重自我患者的内心世界就像当年的“五胡乱华”或“五代十国”。

6. 理想自我

拥有理想自我的人，既有能力有脾气，又没能力没脾气；既独断众流，又随波逐浪；既骄傲，又谦虚；既自信，又自卑；笑则如弥勒、愁则如林肯。这种人，就是佛教所说的，无我相、无人相、无寿者相、众生相，心无你我之分，目无众生之别。这种人，所在多有，古有六祖慧能，现有弘一法师；东方有圣雄甘地，西方有华盛顿。在人们的身边，这种人也常有，贵不凌贱，富不傲贫，穷能安贫，贱而不媚。外凡内圣，一心向善，可能就是你邻居的老头儿。

潜意识

有了“自我的活动构成意志”这一知识点之后，我们接着第二章讨论意识问题。意识是真我的活动，意志是自我的活动，意义是情结的活动。当人的心理不活动时，意识、意志、意义就会一齐消失，当然了人心不活动就像心脏停止跳动一样，人就死亡了。真我、自我、情结作为人格实体，他们在人格结构中的地位不同，他们的活动强度也是不同的，与此相对应的，意识有强弱之分，意志远比一般的意识来得强烈，而意义就更强烈，人们之所以要活着，就是要活出意义来。

日常生活的经验也显示了意识的强弱之分，“做梦娶媳妇”总是模模糊糊的，没有真的结婚场面清晰。即使是梦，也有的清晰，称这为大梦一场，有的根本就记不起来了。在白天的生活中，有的意识活动是清晰连贯的思考活动，有的则是不连贯的，过后就忘记的胡思乱想。

在内社会中，有些真我的活动特别的微弱，我们在平时根本就感觉不到它的存在；也有些真我，由于它的活动不和自我保持一致，不和情结保持一致，遭到了自我和情结的血腥震压，它的活动虽激烈但显示不出来，这两种情况就形成了潜意识，这也是心理学所谓的各种压抑的本质。我们也可以这样理解，意识是内社会中普通老百姓的活动，潜意识则是内社会中犯罪分子的活动，从事压抑工作的是内社会中的公安机关。

为了进一步的讨论，弗洛伊德的潜意识理论简介如下：

潜意识的系统可比一个大前房，在这个前房内，各种精神兴奋都像许多个体，互相拥挤在一起。和前房相邻的，有一个较小的房间，像一个接待室，意识就停留于此。但在这两个房间之间的门口，有一个人站着负责守卫，它负责对各种精神兴奋加以考查、检验，对于那些它不赞同的兴奋，就不许它们进入接待室。……前房内，潜意识内的兴奋不是另一个房子内的意识所可察知，所以它们开始是逗留在潜意识内的。它们如果贸然进入，而为守门人赶了出来，那么他们就不能成为意识的：那时便称它们为压抑。除此之外就是被允许入门的意识。因此这第二个房间可称为前意识系统。我们如果称任何一种冲动是被压抑的，意思就是说它因为守门人不许它侵入前意识，以致不能冲出潜意识。至于守门人乃是指我们在分析治疗时去解放被压抑的意念而遇到的抗拒。

弗洛伊德的潜意识理论有个很显眼的错误，潜意识是意识的后台老板，潜意识的力量大到可决定意识（据说由于“潜意识的决定作用”摧毁了西方人对理性的信仰，弗洛伊德因此而更伟大），但令人惊奇的是，意识能压制潜意识，也就是说老板被他的员工压制了。对于潜意识一个最著名的比喻就是冰山比喻，意识是冰山浮出水面的部分，潜意识是冰山水下的部分，水下的部分大于水上的部分，潜意识就决定了意识。但冰山下面部分和上面部分关系不是压抑与被压抑的关系，而是一种互相合作的关系。

语言对于人就像蜘蛛网对于蜘蛛，人是语言的主人，但人没法离开语言这个仆人。道教最深入人心的概念是“道”，佛教最深入人心的概念是“缘”，基督教最深入人心的概念是“爱”。心理分析学派最深入人心的概念是“潜意识”，可以说，没有潜意识这个概念，弗洛伊德的名字就不可能传遍全世界。第一次听到“潜意识”的人，往往会不由自主就相信它，这就是直觉，人们凭直觉就相信了它。潜意识这个概念深深地影响了哲学、文学、社会学等学科，但由于潜意识概念的本身的缺陷和不完整性，又引起了极大的混乱。对于弗洛姆等现代的心理分析学家来说，潜意识就像一个筐，什么他们都敢往里装，一遇到理论上的漏洞，潜意识就是最优质的补漏水泥和最佳补丁程序。

在人心就是一个社会这一观点中的潜意识，和弗洛伊德的潜意识有一定的区别。

第一，并不每个人都有潜意识，并不是每个人都会自我压抑。有的人思想道德水平很高，人格发育完整，能轻松地生活和工作，无事不可对人言，这样的人心中并没有压抑什么，也就没有潜意识。

第二，潜意识是虚弱和不起眼的。潜意识不可能决定意识和意志，相反它被意识所制服。潜意识就是潜意识，意识就是意识，不存在谁决定谁的问题，两者之间只存在力量的较量。

第三，有人的潜意识决定了意识。精神病人的潜意识决定了意识，对于精神病人来说，由于内心长期处于紧张状态，植物神经系统功能紊乱，潜意识的确像一口沸腾的大锅。一般的人内心则是安静的，不紧不慢的。弗洛伊德的错误在于它把精神病人的潜意识推广到正常人，无端地设定每个人都是压抑者，把正常人当精神病人看待。这种以偏赅全的态度每个人都会有，最典型的就是台湾的古龙，出了一本格言书，里面没有一句格言，全是扭曲的人生观和可怕的偏见。

凡是那些潜意识决定了意识的人，都是一些自己管不住自己的人。重的有精神病，心理障碍患者，犯罪分子，等等，轻的有一心想放松，但就不能做到放松的演员、外君子内小人的虚伪者，等等。

第四章　人心中的政党——情结

情结的形成

自我的成长是每个人都有的成长过程，是人格结构的成长，自我的不同是由于个人发育阶段的不同。在人们身上还有另一个过程，与自我同时相伴成长，就是情结的成长。情结和自我相比，要个人化得多，与每个人的环境高度相关。情结的成长本质上是生命力量的成长，是爱的能力的成长。

花开两朵，各表一枝。上一章节，我们谈自我，这一章节我们讨论情结。

情结简单地说就是存在于人心这个内社会的政党，是情感的结晶，理想的内核和意义的器官，情结是最重要的人格实体。每一情结都是以个人特有的感情状态为基础，在对人生意义和理想的追求中发展起来的。情结是在情感和理想的作用下形成的，情结植根于过去的情感体验，指向未来和理想世界。

人从一个精卵细胞开始了他的成长，这个神奇的细胞中隐藏人的全部潜能，人成长的目标就是成为适应社会的要求以及与个人潜能相符合的人，要想达到这个目标，人必须完成他的情感能力和理智能力的成长。人的成长包含了情感和理智的成长，并在两者互相作用下完成了人的性格统合。

对现代心理分析学来说，人的性格是从童年的情感体验中开始的，一个喜欢绘画的儿童，如果能从绘画中得到欢乐和父母的鼓励，就越对绘画有感情，这种感情越深，就越有利于绘画才能的发展，以这种感情为基础，他的理智自然地赋予绘画以意义，并以此制定出面向未来的目标和远大的理想，理想和意义反过来又会驱使他的绘画水平的提高。这样在他的心中将会形成的爱的循环，绘画——欢乐——感情的加深——意义和理想——继续绘画，这一循环的不断加强，将会让这个孩子发展出对绘画的独特的感情和感知力，并把这种感情和感知力贮藏在大脑中，绘画也将让他的大脑发展的和别的孩子不同，可以想象，他发展出他的绘画情结，并让他成为一个绘画人。虽然说，童年是形成情结的最重要阶段，但并不意味着他是唯一的阶段，尤其是爱的情结，也可以形成于成年阶段，有资料记载，即是八十岁的老人，他的大脑结构仍然在发生变化。经常出现在媒体上所谓的文化人、汽车人、石油人、广告人等也大致是经过上面的过程而形成的。

这一过程被许多心理分析学家描述过，卡伦荷妮在《自我的挣扎》一书写道：

一个小孩不管在什么环境下长大，只要没有智能上的缺陷，他自会学着如何待人，好将会学到某些技能。但也有他无法得到甚至于无法从学习中获得并发展成的个人能力；人无须(事实上也不可能)硬叫橡子长成橡树，但只要一有机会，它的内在潜能就会发展出来。同样，一个人只要给予机会，他也会发展个别的潜能，而后接着发展‘真我的活力’：包括思想的明晰，情感的深度，思想、愿望与兴趣；以及开导他自己机智的能力，意志力的强度；他所具有的才能和天赋；表达自我的能力，以及自发的情感与人沟通，等等。这些在将来都能使他发觉他自己的生活目的和价值观。简言之，他将真实不变的朝向‘实现自我’的方向成长。

但并是不所有的孩子都那么幸运，有的孩子的发展过程是从糟糕的童年体验中开始的，他没有得到鼓励而临到了批评，没有得到自由而得到了限制，没有得到欢乐而得到了忧愁，没有得到成功而得到失败。

在各种不利的影响下，小孩是无法依靠其个人的需要及机遇而成长的，此种不利的环境真是不胜枚举。扼要地说乃是：人们过度关怀自己的（神经质），因此无法爱自己的孩子，甚至认为自己的孩子十分的特殊；他们待孩子的态度，端视他们的心理性需要与反应而定。简言之，其态度大致可分为管辖、过度保护、威迫、易怒、过严、过分纵容、怪癖、偏爱(其他孩子)、矫饰、漠不关心……等等。它不只是单一因素的问题，而且是许多因素的综合，这些因素对小孩的成长造成了不利的影响。

但他不能不发展，因为发展是大自然给他的使命，他也无法逃避环境，因为他没有选择父母的权力。不幸的孩子不得不走上他的畸形发展之路，路的终点形成了他的仇恨情结，这种情结就是心理障碍的根本原因，也就是心理分析中的说的非理性冲动。这一发展过程远比上面说的正常的发展过程复杂得多，因为它是一个病态的过程，疾病的原因从来比健康的原因更复杂。幸福的家庭是一样的，不幸的家庭则各有各的不幸，这话用到心理障碍上也同样适用，健康的心理是一样的，不健康的心理则各有各的不同。

一个孩子在充满挑剔批评的环境下成长。他学会了吹毛求疵谴责他人。

一个孩子在充满敌意的环境下成长，他学会了争论和反抗。

一个孩子在充满恐惧的环境下成长，他学会了忧虑害怕。

一个孩子在充满被怜悯的环境下成长，他学会了自怨自艾。

一个孩子在充满嫉妒的环境下成长，他学会了贪得无厌。

一个孩子在充满耻辱的环境下成长，他学会了自觉有罪。

情结指向的方向就是弗洛姆的性格发展倾向，弗洛姆把性格发展倾向分为生产性倾向和非生产性倾向，生产性倾向就是爱的倾向；非生产性倾向有(1)接受取向；(2)剥削取向；(3)囤积取向；(4)市场取向，非生产性取向对应的社会化取向就是共生的虐待——被虐待取向和撤回的保守取向。

情结的类型

下面我们对情结的分类描述中，将引用弗洛姆的性格取向内容和卡伦荷妮的研究成果。在对情结进行分类讨论前，必须说明的是一个原则：待人如待己，因为对情结的分类就要依靠这一原则。

《圣经》上说：“当爱你的邻居如爱自己”，这是人际关系中等待人如待己的原则的经典表述。待人如待己并不是产生道学家令人生厌的说教，他包含有两方面的内容，一是爱他人的人必然爱他自己，二是习惯性仇视他人的人必然也仇视自己。弗洛姆在《爱的艺术》一书中，也反复表达了同样的观点：自爱者必然爱他人，自恨的人必定仇恨他人。

待人如待己的前提是看人如看己，本书把这一原则称为苏小妹原则。苏小妹就是宋朝大文学家苏轼的妹妹，秦观的妻子，是个才女。苏小妹在一个故事中，讲了这一原则。一次，苏东坡与他的和尚朋友佛印在一起谈论佛学，苏轼问佛印：“我在你的眼里是什么？”佛印答道：“是佛。”并接着反问：“我在你眼里是什么？”苏轼答道：“是堆臭狗屎。”苏轼回家将谈话告诉了苏小妹，并得意地哈哈大笑。苏小妹道：“你被那歪和尚骂了，还在得意！佛眼中众生尽佛，众生眼中佛也是众生。你看别人的样子，就是你的样子。这佛印现在是佛，你不是臭狗屎吗？”苏小妹原则的通俗说法就是，好人眼中没坏人，坏人眼中没好人。

想用理论来说清楚苏小妹原则，将面临哲学、伦理学、语言学等方面的困难，必须和各种各样愚蠢的令人头疼的诡辩纠缠到底，说到最后，连说者本人也有糊涂的可能，但有一个比喻可以把这一原则讲的浅显易懂。那就是脑海、心海和人海，脑海与脑海相连，心海与心海相通，所有的心海就组成了人海。有的心海是善良者的心海，春水荡漾，和风徐徐，和他在一起必然感到如沐春风，有的心海是初恋者的心海，春情萌生，春潮涌动，“七张机，鸳鸯织就双飞，碧波深处相对浴红衣”，这样的心海本人心情愉快，其他人都能感到温情：有的心海是冷漠者的心海，冰冻三尽，寒风阵阵，他自我感觉寒冷，别人又怎么不觉得寒冷呢？有的心海是怪异者的心海，一半是火焰，一半是海水，内有火山爆发，外则雨急风狂，这样的心海待人的态度要视人的不同、时间与地点的不同而定，巴结一些人，欺压另一些人；这样人就是当父母也是个偏心眼，至于他本人，火焰煮海水日子能好过吗？对于待人如待己原则，还有一种情况理解起来就要困难得多，有一种人自奉甚简，而待人宽厚，如雷锋，主要因为是这种人的人格发育非常完善，品德高尚，完全献身于事业、国家利益、科学、宗教和信仰等。这种人虽以外部利益为重，但决不自我虐待，佛祖如来大慈大悲，投身饲虎，割肉喂鹰，不能不说佛祖活得遭罪，但佛祖本人却坚决拒绝了当时流行的“苦行”这一修行方式，决不没意义地让自己受苦受难。

人们对自己的感情是对他人和社会感情的出发点，自信是相信别人和社会的前提，自爱是爱他人和社会的前提，自恨是仇恨他人和社会的前提，自我冷漠是对他人和社会冷漠的前提，基于这一事实，我们把人们对待自己的态度作为情结的分类标准，把以自爱的感情为基础发展起来的情结称为爱的情结，以自恨的感情为基础发展起来的情结称为恨的情结。

常见的情结类型有

爱的情结

爱的情结就是弗洛姆在《为自己的人》中的生产性取向，正常的人都有爱的情结。爱的情结的最大特征就是人通过情结献身于他的事业，情结所指向的外存对象比情结本身更重要。拥有爱的情结的人从不自我中心，他能宽容地对待世界，原谅自己，也原谅别人，他与这个世界完全融合了。一个心理健康者首先是一个充满爱心的人，在其心中有各种各样的爱的情结，他爱的这个世界一如他爱自己。

常见爱的情结有

事业情结

事业是情结是最常见的情结。决定一个人能否最终做好他的事业的，不是他的智力，不是财力，而是他对事业的感情。只有那些对事业有感情的人，才会对他的事业倾注全部的精力。

爱国情结

爱国情结存在于每个人的心中，每个都会对他的祖国有很深的感情。正是爱国情结才驱策人们去上战场，去保家卫国，以至牺牲生命也在所不惜。苟利国家生死以，岂因祸福避趋之？爱国情结是何等的伟大！

故乡情结

故乡情结被一首歌《黄土高坡》概括得非常好，它唱出了一个人对他故乡的感情。黄土高坡对一般人来说，是他们不关心，也不想去的地方，但对歌者而言，却是他魂牵梦萦的家，他生于斯，长于斯，并且最后回归的地方。故乡也是每一个人的精神家园。人也许不是从娘胎中出来的，而是从家乡的泥土中长出来的。

朋友情结

人生在世是离不开朋友的，人们离不开朋友就像他们离不开家人，友谊深了就形成了情结，桃园三结义的故事大家都知道吧。

父母情结

父母之爱是最无私的大爱，对父母怀有深爱太应该了。人们都知道著名的恋父情结和恋母情结。当然，有的父母情结会变成依赖症，形成依赖人格，这是一个让人失望的结果。

恨的情结

恨的情结是仇恨的情感凝结而成的人格实体，也就是心理分析上的施虐倾向、受虐倾向和逃避倾向。仇恨的情感有轻重的差异，但没有本质的上不同，这里就把它们归为一类。常见的恨的情结有自傲情结、自卑情结和逃避情结。自傲情结、自卑情结、逃避情结驱策着人就像独裁的政党统治着它们的国家。骄傲、自卑、逃避不仅仅是一种人生态度，它还是人的行为模式。所有拥有恨的情结的人，都是心理障碍患者或人格分裂患者，一种很难为平常人理解的人。下面的讨论也是在为心理障碍进行分类。

自傲情结

自傲情结的特征是：骄傲、固执、占有、虐待、掠夺、狡诈、征服、军国主义、个人利益至上，等等。自傲情结所固化凝结的情感是：仇恨、骄傲与蔑视。在自傲者的心中，他高贵，别人低贱，是为他服务的工具，不论骄傲者隐藏的多么巧妙，骄傲的程度也存在差别，但骄傲者的本质是仇恨，一个人对另一个人的仇恨，骄傲是仇恨情感的基本表达方式之一。

自傲情结驱策着患者行动，常见的有下面几种方式。

自傲情结驱策着人不断追求病态的雄心壮志。人在自傲情结的强迫下，总是雄心勃勃地想大干一番不切实际的大事业。自傲者在学校里会追求一流的学习成绩，会把考试拿不到高分当做耻辱而不管学习的内容是否对他有益或是否适应；在情场上会把与众多女孩子的约会当做别人不及的荣耀：在商海中会把赚更多的钱当做无所不能的证明，在政界时会把能否权势显赫当做梦寐以求的渴望。自傲情结会驱策一个人成为最有权力的人、最有威望的人、最有财富的人和最有知识的人。在自傲者看来，人生就是一场战争，取得战争的胜利，实现他的雄心壮志是生活的唯一目标。在《红与黑》中，司汤达用他那传神的笔描写了于连的这一心理过程。拿破仑是于连的崇拜偶像，在于连看来，情场就是战场，他并不爱他的情人，但他需要征服他的情人，以此来证明他可以成为拿破仑。于连在每一次去约会情人前都会细致整理他的衣服，自己鼓动自己，就像拿破仑的战争动员。

自傲情结驱策着人不断追求病态报复，病态地虐待他人。在此种情况下，自傲情结最有破坏性。患者的心中有强迫性的报复念头，为一个根本就不值得报复的事而去报复他人或社会，就是常见的“不让我好过，别人也别想好过”。患者在幼年时期往往受到过伤害，所以才形成了这种类型的自傲情结。患者在情结的驱策下，不可遏止地想打败他人，让他人遭受和蒙受羞辱。患者想获取报复的胜利，他们把自己的快乐建立在别人的痛苦之上。情结的驱策力是如此的强大，以致报复具有急迫性，单纯为了报复而报复，报复对象往往不加选择的无辜者。希特勒是个极好的例子，因为他早年曾经遭受过耻辱，他总是梦想着打败他人。他决心要获取胜利。每次胜利都能使他的自傲情结得到加强，从而更加狂傲，更更无法忍受不尊敬的人和国家。

自傲情结驱策着人不断追求病态的完美。自傲者以自己的完美为傲，要求事事完美，处处完美。在家庭中生活中，他们无法忍受家里那怕一点的脏乱差，在工作中，要干就要干完美，要不然就别干。有一位患者，虽然他的行为是无可挑剔的，但仍然认为他可以更加完美。他们无法忍受自己的缺点，常常极力加以掩盖。犯他们忌的事总是特别多，吹毛求疵，难说话是这种的基本特征。事实上他们的追求是不切实际的，人总是有缺陷的吗？大作家贾平凹不是住在“求缺屋”里吗？但这个简单的道理，但自傲者无法弄懂。

自卑情结

自卑情结驱策着人不断地病态地依赖他人，病态地顺从他人。既然自己是不好的，别人是优秀，那么就放弃自我，跟着别人走。在思想上，他们放弃独立思考，人云亦云，崇拜权威，以权威的理论作为自己的理论。生活上，他们没有独立性，需要别人的照顾和指导：在经济上，不断借债，而从来不想办法依靠个人能力来保证收支平衡，同样的工资，别人总能有所节余，他却经常透支。在人际关系中，他努力使自己成为带头大哥的附属品，以能得到赏识为荣。他的依赖有很大的强迫性，一旦失去依赖的对象，他就会茫然不知所措。

自卑情结驱策着人不断地追求病态的真诚，受虐式地自我展示。人当然需要真诚、真实，但人的真诚和真实是有限度的，超出了限度就是自虐。在身体上，这种人裸奔者、暴露狂等，他们受虐地自我展示，展示他们隐私的一面。不爱面子是这种人的一大特征，他们常常会讽刺别人虚伪。在思想上，他们会极力地追求的真实，以至于造出一个真实来，而成了哲学家。他们的真诚是魔术师的真诚，魔术是一种表明了态度的骗术，他们的骗术不会让观众受到损失而让观众得到享受，但有的魔术师会违背行规去真诚地揭露魔术后面的秘密，让观众看到他们不应该看的东西。

自卑情结驱策着人不断地追求病态的善良，做一个病态的好人，病态地受虐。这种人会努力去做个好人，透支自己的精力、财力地做个好人，力所不能及地做好人。这种人最大的特征就是没有说“不”的能力，他们在情结的驱策下承诺一切，答应一切。当然他们不可能做到一切，轻诺必寡信说的就是他们。这种人做好事是强迫的，一天不做好事就难受。但事实上，他们的热情往往有侵权的嫌疑而不受人欢迎。他们做好事不是出于正常的爱心，而是出于自己的内心需要。现实中的他们是老好人，但却得不到尊重，没有尊严可言。

逃避情结

逃避情结的特征是：保守、固执、骄傲、占有、拒绝付出等等，保守情结凝结的情感是：冷漠。

逃避情结驱策着人不断病态地节俭、吝啬。吝啬鬼是人们最为熟悉和热衷于谈论的人，许多文学作品对吝啬鬼进行了经典的描述。

逃避情结驱策着人不断地追求病态的自由，病态的独立性和病态地逃避社会，等等。对于物质财富的吝啬只是保守情结的表面现象，更重要的是对情感的吝啬。自由就其本质而言是心灵上的，自由不在名山大川中，不在世外桃源，不在瓦尔登湖，自由存在于人的心中。病态的独立性是隐士的独立，是一种不负责任的行为。

女性情结

这里的女性情结是作者特指的一种病理性的情结。女性情结普遍地存在于女性内心中，但不是正常的女性性别认同，而是女性对自己的轻视，就是常见的重男轻女现象。女性情结本质上是自卑情结，但由于这种情结的影响力太大，就在这里单独列了出来。许多女人在女性情结的驱策下，努力地自虐地把自己打造成一个小女人。她们的标准非常吓人，温柔、可爱、野蛮等都是病理性。单单为女性情结服务形成了一个产业，而其中许多是不必要的浪费，中国的女人已经足够漂亮了。各种各样的驭夫术、撒娇术、媚术、争宠法等，应运而生。下面是摘自网上的一段文章，描述了一个女性情结的起作用的内在心理过程：

当然，做一个小女人，除了要有《我的野蛮女友》中女主人公的种种可爱，种种泼辣，还要有《熏衣草》中的女主人公的楚楚可怜、处处温柔。这样你才是合格的小女人，才是男人喜欢的小女人。选一个阳光明媚的日子——你和他都有时间的日子，一起出去走走，或者你可以故意摔倒，假装扭伤，然后让他背你走，或者你可以试着模拟《我的野蛮女友》中的换鞋的那一段故事情节。也让你亲自体验一下做小女人的快乐!愿做小女人!

女性情结残害着女性的心灵，束缚了女性的发展，而广大女性并不自觉。凭空制作一个所谓的小女人的标准把自己囚禁起来，走标准的步子，撒一定标准的娇，用标准的音调说：“愿做小女人。”

对女性考察最深刻的就是法国女作家西蒙波娃的《第二性：女人》，此书被称为妇女解放运动的《圣经》。作者详细地考察了女性情结的形成，成长、发展、最后的结局等，并且列出了改变的方法。读这本书时，不要轻易地放弃，曲解此书原意的人太多了。

男性情结

与女性情结相对应的就是男性情结。这里的男性情结指的也是病理性的情结，男性情结的实质是自傲情结。男性情结同样也残害着男性的心灵世界。

人是软弱的，无论他是男人，还是女人，无论是穷人还是富人，无论是有权者，还是平民百姓，人都是软弱的。人的软弱性基督徒体验的最深刻：

我们当中没有一个人敢说自己是刚强的，连保罗也说他是软弱的。但我们靠着主就刚强起来了，因为神的能力正是在人的软弱上显得完全。唯有当我们软弱的时候，才更加体会神的恩典和爱。

我们人都是软弱的，都是不完美的，这一点我们知道，耶稣也知道。正因为我们软弱、不完美，所以才更需要耶稣。《圣经》告诉我们："耶稣并非不能体恤我们的软弱，因为他也曾凡事受过试探，只是他没有犯罪。他自己既然被试探而受苦，就能搭救被试探的人。所以我们只管坦然无惧地来到施恩的宝座前，为要得怜恤、蒙恩惠，作随时的帮助！"

我们与神做朋友，在神面前，他那真理的大光会把我们心底的隐秘显露出来，我们在明白自己的本相之后，就不断地求他的赦免。我们失败时，他也预备了拯救的方法。尽管在受管教的时候不觉得快乐，反而觉得很苦，但是后来却结出圣灵的果子来。因为你会发现你的生命正在悄悄地发生改变，正如耶稣所说的："风随着意思吹，你听见风的响声，却不晓得从那里来，往那里去。凡从圣灵生的，也是如此。"你相信吗？一年之后你再回过头来看你自己的时候，你会发现你长进了很多，你也更加看到神在你身上所加的恩典。

快乐的基督徒弟兄，请听我一句话：在跟随主的道路上，不要老是以为你自己特别软弱、特别失败。事实上，所有在肉身活着的人，越是跟随主，就越是认识到自己的软弱，越认识到自己是何等的需要主的恩典。一天没有了主的恩典，就立刻堕落、失败，所以我们才更需要天天信靠神，亲近神，从神那里支取力量，过每一天的生活。

正因为你软弱，你才更需要跟从主。你越软弱的时候，就是越需要主的时候。因为主的能力正是在人的软弱上显明出来。因此，在保罗在他的经历里，他说："所以，我更喜欢夸自己的软弱，好叫基督的能力庇护我，因我什么时候软弱，什么时候就刚强了。"当他软弱的时候，就是他经历基督丰盛能力的时候，这就是基督徒过得胜生活的秘诀。

快乐的基督徒弟兄，多多地仰望主吧，好吗？不要再看你的缺点和软弱了，越看你只会越软弱。把你的目光从你身上挪开，放到主耶稣的身上，他才是你每天应当仰望的焦点。"我们既有这许多的见证人，如同云彩围着我们，就当放下各样的重担，脱去容易缠累我们的罪，存心忍耐，奔那摆在我们前头的路程，仰望为我们信心创始成终的耶稣。"只有越仰望主，你才会越有力量。什么时候你的目光离开主了，什么时候你就软弱了。

你的表现怎样这并不重要，因为神看你的价值不在于你的表现，而是在于你真实的生命。所以，不要再去揪住你的软弱不放手，乃是要把它们统统交给耶稣，让主来处理，因为这原是主的工作。让主来处理难道不比你自己处理更好吗？

快乐的基督徒弟兄，你把你的软弱告诉神："神啊，这就是我的软弱之处，这就是搞得我每天都不开心的缺点和坏脾气。主啊，我没有办法对付它们，我今天完全交给你了，由你来负责。"试试看好吗？相信圣灵会把赦罪的平安放在你的心里，使你的生命重新恢复得救时的喜乐，成为一个名副其实的"快乐的基督徒"。

坚强的男人只是一种幻觉，男性情结却要求男人要强大，要坚强，这种很过高要求是不切实际的，对男人来说是伤害。小男孩从小就被要求坚强，要有男子汉气质，所以小男孩从小就遭到男性情结的伤害。

情结和意义

意识和意义是大自然给予生命的最高礼物，动物们不仅仅有意识，而且还表现出一定的行动意志来。但大自然显然对人情有独钟，人是唯一追寻生命意义的动物，人不仅仅意识，还要在意识中产生出行动的意志，并进一步在行动中给予生活的意义。活出意义来是萨特哲学的起点，单纯从追求人生的意义上来说人确实是自由的。对于动物而言，满足了各种生理需要往往意味着他的行为的结束或暂告一个段落，而对于人而言，则可能意味着刚刚开始。德国人维克·多弗兰克的《无意义生活之痛苦》中认为：

心理分析已经教我们认识了快乐意志。我们将这种快乐意志理解为快乐原则。个体心理学则使我们相信表现为功名心追求的权力意志。然而，较之更为深刻得多地植根于人们心中的，是我标明为意义意志的东西，即人们围绕着最大限度实现其生存意义的搏斗。……我敢断定，人只有在实现意义这种程度上才能够实现自身。

我们心中不仅仅有意义意志，更有可能的是还有专门的意义器官——情结。

在二十世纪七十年代初叶，文献记载宣称，发现猴子视觉皮层有一个细胞，只有当一个脸的像被记录在视网膜时才起反应。在这种信息的基础上，人们提出了“祖母细胞假设”。根据这种假设，头脑中存在某种细胞，只有当头脑主人的祖母进入房间才有反应！的确，最近在人发现某种细胞只对特殊的词有反应。也许这正进一步支持祖母细胞假设！人是社会这一观点支持这一假设，既然胃只对食物有反应，对甜味起反应的细胞在舌尖，对苦味起反应的细胞在舌根，那么大脑细胞肯定也有分工，也许还会更细致，不同的是，大脑细胞的分工是后天习得的，并且可以改变。“祖母细胞假设”可以让我们得出“内社会情结假设”。这一假设的内容是：在我们的大脑中存在一个这样的组织——情结，它是后天因人们对某些事物的感情，以及对理想和意义的长期追求而形成的，它是具体感情、理想和意义的内在实体，是大脑的具体分工方式之一。情结相当于外社会的政党，情结存在于大脑就像政党存在于社会。

弗洛姆在《为自己的人》中表达大致相同的观点：

根据行为主义的思想，人认识到，要以半自动的方式作出反应，就要养成习惯的行动和思想，这些习惯就是条件反射。这种观点在一定程度上是正确的，但它忽略了这样一个事实，即人之特征及不可改变的最深层的习惯和意见是性格结构的产物。习惯和意见是特殊的表达形式，在这种形式中，能量通过性格结构而诱发。性格体系可以视为人对动物本能生物器官的替代物。

从心理分析出发，我们也可以得到这样的结论，通过后天条件反射习得的情结真实存在于我们的大脑中，而且是生物器官的替代物。

一定的情结必然对应一定的信仰，情结决定了信仰。

情感和理智

物理、数学、化学等学科都发源于哲学，后来独立成家，都有了自己的“领地”。如果说这些学科是哲学的儿子的话，那么心理学则是哲学的妻子，是不能离婚的妻子，是不能成为寡妇，永远也不能独立的妻子。研究人和人的心理无法离开人生观世界观信仰等这些哲学问题，神奇的信仰能让许多的心理规律失效。研究心理学也没有办法回避语言问题，心理学中有个重要的概念：自我，没有自我这个概念作为建房的根基，就没有心理学的“理论茅屋”，而“自我”问题极有可能不是心理学问题，而是哲学语言学问题。现在的哲学处于语言分析的时代，有的哲学家能把“自我”这个概念分析成毫无意义的语言噪声，把这个概念给吃掉，从而让所有的心理学理论都变成没有存在必要的“胡说八道”。所以说要想理解心理学问题，就必须进行一定的哲学探讨。这里简单讨论一下情感和理智的问题。

生命的力量有自己的表达形式，一种情感，一种是理智。情感从正向说就是爱，理智从正向说就是理性。在日常生活中，人们说情感和理智时，一般指的就是爱和理性。马斯洛教育他的女儿怎样养育孩子时，说教育孩子主要靠情感的成熟度，而不是一般人认为的是天生的母爱。马斯洛的情感成熟度显然指的是爱的成熟度，而不是恨的成熟度。对情感和理智的考察实际上就是对爱和理性的考察。

爱和意味着信任，爱是信任的最基本形式，爱一个人首先就意味着信任一个人，相信他的感觉、他的能力。母爱首先意味相信自己的孩子，相信他的孩子能成长，能学习，能自我保护，能决定自己的命运。生活中，不相信孩子的事真是太多了，过多地干涉儿女的婚姻就是不相信孩子的典型的事例，父母不相信孩子的眼光，不相信孩子有能力为自己挑选一个终生伴侣，这样父母当然不会真爱他的孩子，这种爱是虚假的自我中心。

爱意味着接受，接受自己和接受这个世界，尤其是接受缺陷。爱一个人，就无条件地接受他的一切，包括他的缺点。就如诗歌里写的：我爱你的哭，我爱你的笑、我爱你的破草帽，我爱你手指间淡淡的烟草味道。蒙田作为一个作家，是个典型的自爱者，美国作家刘易斯·托马斯是这样描写蒙田的：

“赞颂自我是蒙田毕生的事业，不是自我的成见，也不是自我的陶醉，几乎也不是自我期许的。顶好的意义上是一种限制的自我满足，是让人费解的决心，决心要跟内里的我和平共处。对蒙田来说，自然界的一切事物中，最接近，最让人埋头热衷的事物，是蒙田。不是最亲的，因而是最便于了解的……发现了并面对这一切所有这一切，却丝毫没有为之烦恼。他平静地，甚至兴高采烈地接受自己的，也接受人类的局限性和不坚实性。“没有什么能比好好地，尽力地扮演一个人这样美，这样合法了；也没有任何一门科学能比认识到好好地、自然地过一生更艰难。我们的疾患中，最猖狂，最蛮横的，就是瞧不起我们的存在……就我来说我爱生活，并开拓生活。”

骄傲不是理性，只有谦虚才是理性。

爱意味着奉献。爱不是空头支票，爱需要真诚的付出。只有母亲无私的付出，才有婴儿的成长。

理性则意味着理解。理性意味理解，理解自己，理解他人，理解世界。没有理解就没有科学，物理学的理论大厦虽然没有根基，但物理学家仍然很理解它，数学也一样，立体几何就是建立在五个公理之上，依靠的是大众的理解，这五公理不能证明，也不需要证明。

理性则意味着谦虚，意味着自知自明和宽容。

理性意味着责任，一个理性的人必定是个负责任的人，他知道他在干什么，并为可能发生的结果负责。

情感与理智的精确对称

爱意味着情感体验，理性则意味着理论认识，爱和理性是人们与世界交往的基本方式。

情感和理智的关系并不是你决定我，或我决定你的问题，而是同一生命力量的不同表达形式，是流水的不同状态或纸的正反两面。生命的流水有时以冰的状态存在，有时以水的状态存在，不同形式下隐藏的同一物质和同一力量。张爱玲认为，文学和文学理论如马之两骖，文学理论要发展必须有文学自身的发展，理论并不是高高在上的驽者。最能表达的情感和理智关系的是光的波粒二相性，光在不同的实验环境表现下表现不同的特性，在光电效应中，是粒子，在光栅中表达的波动性。情感和理智就是生命力的波粒二相性，在沸腾的足球场或歌星演唱会上上，情感以波的方式传播，人们在同一情感的作用下，所有的心海相通了，红色或绿色的人浪在人海中传播，有研究室中，科学家以他的理智在对待各种各样的问题，所有的脑海联网了，互相启发，一个个理论和假设就形成：我们所有人通过共同的语言而进行思考。

情感和理智共生共存，二位一体，二者之间有一种精确对称的关系。这种精确对称，在作家那里可以轻易的得到验证。

作家作品的风格代表作家本人，风格即人，隐藏在风格稳定性后面的是作家情感的稳定性。对作家来说，风格即感情。读我国的著名学者兼作家钱钟书的书，你会一种冷飕飕的感觉。钱钟书的作品中没有一个正面人物，他讽刺所有的人，《围城》中的唐小姐是个例外，没有男人不对十七八的漂亮女孩子产生好感，钱钟书同样也不忍心讽刺她们。钱钟书的情感是三月的倒春寒，内里暖流涌动，外则寒风刺骨，刮面如刀。在舒展编写的《钱钟书论学文选》中，曾介绍了钱钟书对人性的看法："性恶论较符合唯物主义"，简单地说就是性偏恶。情感上的倒春寒和理智上的性偏恶是一个相当精确的对称。

作家王朔的情感比较特殊，在别的作家极力劝说读者不可对号入座，不可将庄之蝶对成贾平凹时，王朔并不讳言他的作品中有自我表达成分。一半是火焰，一半是海水就是王朔情感的最佳写照。理智上，王朔自称是有教养的流氓。他的教养能理解为海水，他的流氓能理解为火焰，在王朔身上，情感和理智的对称是何等的精确。

对哲学家来说，情感和理智的对应也不例外，每一个哲学家的理论体系都是他本人情感的反映。社会上普遍流行的信仰不可能超越社会发展程度，同样任何哲学理论都不可能超越哲学家本人的情感发育程度或游离于哲学家的人格结构之外。

海德格尔是个死不忏悔的纳粹分子，情感上的虐待狂，他的理论也高明不到哪去，一个标准式的语言巫师，与其说哲学在他那里有一个语言的转向，不如说哲学在他那里走向了疯狂。只有他这种巫师式的理论才配得上希特勒的《我的奋斗》，也只有他才配做这个大魔头，人们还真是冤枉了尼采这个热血青年了。利用情感和理智的精确的对称原理，看了他的为人就不必读他的哲学了。

人性本善，还是本恶的问题是个古老的哲学问题。有人认为人的本性是好的，有人则认为人的本性是恶的，通俗地说，有人认为世界上好心眼人多，法律是只为少数坏蛋而定的；有人认为坏心眼人多，如果不是法律在震慑着，世界上早就没好人了。

表面上看，性恶论与性善论是哲学家的理智认知问题，持论不同只是观点不同，事实这个问题是情感体验，不同答案后面是不同情感的人生，代表了哲学家的情感倾向。因为即使最杰出的心理学家也没有办法为制定出一个人性善或恶的标准，回答这个问题只有依靠个人的情感体验。假如一个人自小得到父母的爱，情感发育正常，情窦初开时又得到爱情，配偶虽不完美，但令人满意，在单位人际关系和谐，儿女聪明，此人一直活到七十三或八十四。像这种生于安乐，长于安乐，死于安乐的人，一生活在爱中，他没有资格认为“坏人多，好人少”，这也不符合逻辑。相反的另一个人，自小受到“不会爱的父母”的虐待，情感发育不良，在学校受同学们欺负，结婚后被另一半所轻贱，人到老年，儿女不孝，屡屡成为《墙头记》的主角，在一个冰冻九尺的夜晚死于凛冽的寒风中。像这种生于恐惧，长于恐惧，死于恐惧的人，他不可能认为“好人多，坏人少”，除非他是拯救世界的菩萨或耶稣。性恶论与性善论必然会反映论者的生存环境，反映论者的情感发育的完善程度。

在心理治疗中，情感和理智的对称也是一种动态的对称。心理治疗是把一个情感上满怀着对世界敌意的魔鬼变成一个充满爱心的正常人的过程，把一个理智上扭曲地看待社会的人变成一个正确对待社会的人，这两个过程同时进行。在治疗中，患者将会发现，一旦稍微地爱上社会，他的人生观同时发生变化，或者他的人生观稍微一发生改变，他也同样会更爱这个世界，这是动态的对称。

情感和理智的对称，就像正数与负数、正电子和负电子的对称，也应该是大自然的对称之一。虎、虎、虎，燃烧的猛虎游荡于黑夜的林莽，情感与理智的对称存在于每个人的身上。

情感和理智的精确对称，说明理智并不像人们想象的那样是稳定的，也随着情感的起伏不断地在发生变化，人们失败时，就持悲观的人生观，胜利时，就持乐观的人生观。这种精确对称说明真理和理性是并不是什么高于人的存在，而是生命的附属品。苏格拉底为真理而死，死不得其所。柏杨为治疗中国人丑陋开出的药方就是：跟着理性走。理性是情感的对应表达形式，跟着理性走就是跟着情感走，理性和情感一样并没有明确的方向，不是什么领路人，另一面理性是人的一部分，人也不可能跟着理性走，人只有用生命走，柏杨的药方仍是无效的。这种精确对称，也足以击溃柏拉图的“用真理来进行统治的《理想国》”的幻想，理想国是根本不可能的，想用哲学家做国王行不通，哲学同样是人的情感的产物。只要人的情感是不可靠的，理智也必然是不可靠，情感和理智的可靠都依赖于生命的可靠，只有生命力最旺盛的人才有资格做我们的国王。

第五章 人心中的战争——心理冲突

恨和爱

心理冲突实际上存在于人心中理性的爱的力量和非理性的恨的力量之间的冲突。在介绍冲突之前，先就爱和非理性的恨的特性作进一步的讨论。

在人心是个社会这一观点中，坚信“人之初，性本善”，人的本性是善良的，即使是最十恶不赦的罪犯，他的本性也是善良的。举一个例子就是，坚信希特勒的本性是善良的，在他作恶多端时，他同样受到良心的谴责，希特勒在最后变成了人类历史上的最大恶魔完全是后天的环境造成的。人性本善表现在情感上就是爱，基督教的爱。感情可分为两种，一种是爱，一种是爱的扭曲——非理性的恨。如果感情指向自身就是自爱和自恨。从本质上说，人的感情只有一种就是爱，恨是爱受挫后的转化成的情感形式，恨之切是因为爱之深。

情感作为生命力的载体，艺术是它的基本表达方式，它并不适合作理论的说明，虽然如此，我们仍要先对爱和非理性的恨的特性作一个不成功的描述。为了讨论的简洁，这里把非理性的恨称之为恨。

爱的能力是天生的，恨则是后天形成的，这种爱和恨的特性就如佛经上所说的“善有根，恶有因”。爱是生命的表达形式，它与生命同在，是生命的自动展开。一个人只要不愚蠢，就会有这种能力，爱不需要学习，爱只要求不被伤害。弗洛姆的《爱的艺术》是一本畅销全世界的书，他的观点却是错误的：

“首先应当意识到爱是一门艺术，正如生活是一门艺术一样；如果我们想学会如何爱，就必须像我们想学习任何其他艺术——例如音乐、绘画、雕刻、医学或工程技术——时一样着手。”

弗洛姆的看法造成了极大的误解，爱当然是艺术，但不是一门具体的艺术，爱作为人的情感，怎么能与音乐、绘画、雕刻、医学或工程技术相并列呢？爱作为艺术在于它的普遍性和无形无相，爱内在于每一门具体的艺术中。作为人的情感生活，爱不可能有什么技巧，它绝对是先天遗传和自发的。就拿母爱来说吧，谁说母爱需要学习！一个母亲也许需要学习家政如洗尿布，这种学习和保姆需要学习洗尿布一样。单单就洗尿布而言，它倒是和绘画、音乐、雕刻等一样是一门艺术，但洗尿布不是爱的艺术，只有洗尿布时加入对她的小宝贝的爱，那才叫爱的艺术。下面是有一个叫仲利民的文章，描写他的妻子怎样在一夜之间，没有学习，就拥有了母爱：

妻子这人粗心，做事老是丢三落四，我虽是多次谆谆教诲，可是她粗心依旧。妻子的粗心还在我与她恋爱时就领教过了。当时，我们在两地工作，谈情说爱全凭鸿雁传书，随着感情的逐渐升温，通信密度由原来的三天一封到后来的一天一封，常常是刚把信发出去，就有新的情话需要倾诉。有一次，我接到她的一封情书，展开看时，却有些丈二和尚摸不着头脑，那称呼让我莫名其妙，就是昵称也不能把我的性别都改了呀？待我再向下看去，才知道粗心的她把信的衣裳穿错了，我这封是也发给中学朋友的，而我左等右等的那封却让发给了别人。你说妻有多粗心。可是，自从我们的儿子出生后，妻子竟一改丢三落四的毛病，有时竟还指责我的不好，老是找不到孩子干燥的尿布。而我也发现，妻子粗心的毛病竟没了，她不仅记得儿子的出生日期，连几点几分也都记得清清楚楚。后来，妻子更是让我叹服儿子何时长了第一颗牙，儿子说的第一句话是什么，儿子抓周时先是想拿什么，最后终于抓起了什么，竟是一点儿也不差，如数家珍似的。

实际在弗洛姆《爱的艺术》中，讲的并不是爱要学习，而是不要伤害爱，讲的是怎样把恨变成爱。恨是被扭曲的结果，如果没有爱的被扭曲，就没有恨的存在。

爱只能被扭曲，恨则可以被消灭。爱作为生命的基本载体，成长是它的最低要求，如果这个要求得不到满足，它就只能被扭曲。西蒙伏波娃在《第二性》中写道："企图压抑人心中如此强大的冲动是极其愚蠢的一件事。"要想消灭爱，必须先消灭生命。

仇恨则是可以消除的，通过心理治疗可以消除仇恨，使一个没有爱心的人变成一个富有爱心的人、宽容的人，这已经为无数的心理治疗案例所证明了的。渡尽劫波兄弟在，相逢一笑泯恩仇，在人的爱心的作用下，最终战胜了仇恨，人与人融合了。

爱是欢乐的，恨意味忧愁，生命意味欢乐，生活是欢乐的，学习是欢乐的，爱情是欢乐的，文化是欢乐的。一个人越成为自己，就会越快乐。

爱是平和的，恨是疯狂的。人们生活的常态和平，只在和平中才有爱。恨原本是爱挤压而成的，爱挤压造成了紧张，紧张要求释放，行为就变成没法遏制的疯狂。希特勒发明了闪电战，并不是因为他有多高的才能，主要是因为他有足够的疯狂，他太急于征服世界了。

爱如空气，无所不在，无形无相，恨是具体和刻板的。就形式而言，爱没有具体的存在形式，真正的爱者，心中无相，无我相、无人相、无寿者相、无众生相；恨则有具体的形式。爱是生命的本身，生命并没有具体的形象，爱也就没有具体的形象，恨是爱受到阻碍后产物，爱被固定和僵化后，就成了恨。爱和恨的这种特征，被许多文学家和哲学家所观察到，钱钟书作了一个总结：

乔治·爱略德小说亦曰："最幸福之妇女，犹最安乐之国家，了无历史可述。"爱略德小说中语或本诸席勒一小诗曰："最有善政之国家正如最有淑德之妇女，均悄然不引人谈论。"叔本华详论："史诗和剧本只皆写为幸福而求争竞斗之情事。而不写长久圆满之幸福。真正而复长久之幸福既无其事，遂亦不堪为文艺题材。"托尔斯太名言："每一欢乐家庭均相类肖，每一不欢乐之家庭则痛苦各异。"实与印可。欢愉既肖相似，遂刻板依样，一言以蔽或不言可喻；愁苦各具特色，变相别致，于是言之而须长言之。亚理斯多德《伦理学》尝引谚云："人之善者同出一辙，人之恶者殊途多方"，足资傍参。

这些文学家和哲学家，虽然正确地看到了现象，却得出了错误的结果。叔本华的"真正而复长久之幸福既无其事，遂亦不堪为文艺题材"，就错了，长久之幸福不是无其事，而是太常见了；相敬如宾，举案齐眉，不是少了，而是太多了。弗洛姆基于他的批判社会的角度出发，认为现代人已经越来越不会爱了，爱成了难得的感情。真爱非常珍贵，也不太容易做到，但事实是爱在现代社会仍然是普遍存在的，十室之邑，必有忠信，爱就在我们的身边，许多人幸福地生活在爱中。夫妻生活中，吵架和仇恨的时间，相对于平静地在一起生活的时间来说，短的不值一提。

人们之所以容易记住恨，是因为恨太具体，太少见了，稀罕的就当然记忆深了。生活在北极雪世界的爱斯基摩人，在他们的语言中，没有雪这个词，但却有许多关于雪的形状，雪花的大小，雪花飘落的角度以及对雪的描写等词汇，他们的一切都于雪有关，他们与雪同在，根本不需要另加说明，我们与爱同在，当然也没有必要大说特说了。不是爱不能成为文艺题材，而是大家都有爱，何必再看你的爱，人们想看的是爱的曲折，爱的扭曲，爱的不可得等这些日常少见的事，并从中吸取教训，从生存的角度来说这叫警钟长鸣。从家庭作坊到企业，从小商店到超市，从长舌妇进化到文化传播者和作家，都是历史发展的必然，文艺的历史也证明了这一点，刻薄之人善于为文，长舌妇原本就是刻薄的化身。作家们往往认为他们这一行是特殊的，实际上上帝并没有浪费他们的意思，在物种的生存中，他们的长舌妇之用仍然是实实在在的。欢乐也许是相似的，但欢乐决不刻板依样，欢乐如同小河，无形无相，轻盈而流畅，说欢乐刻板依样，那是钱钟书独特的情感体验。“善的强大，恶人最明”说的也是这个理，善无处不在，恶人无路可走。

生命的本质在于它的力量和它的活力，在于它的自由和不具体；仇恨作为反生命的力量，则在于它的具体，它企图把生命具体化，把活的变成死的，南京的“爷爷考生”就是文凭最活生生的祭品和工具。生命和爱作为一种活的力量，无法进行分类，恨虽殊途多方但仍可以分类，西方的心理分析靠的就是对恨的分类研究才起家的。仇恨对于心理学而言，是病态的，需要加以治疗的疾病。

从上面讨论中，我们可以看出，人人都是佛，性恶论是完全错误的。如果说人性本恶，这个世界则是忧愁的，疯狂的和呆板的，人们早就因互相残杀而共同下地狱了。

心理冲突

心理冲突是存在于心理障碍患者心中的，各种情感力量的争斗。冲突各方分别为爱的情感和恨的情结，以及恨的情结之间黑吃黑、窝里斗。冲突的反方就是我们上一章说的恨的情结，正方就是爱。心理冲突是心理障碍患者的内在心理过程，是一个病态的过程。在这一过程中，内社会在各种仇恨情结的作用下，冲突四起，建设性的精力被消耗殆尽，无力处理日常事务，用中国话来说是阴阳不调。表面上，患者和正常人一样在生活着，其中冲突较轻的，人们就说人有“怪脾气”，冲突重的性格已经被扭曲的，就是精神病，他们的出现是家门的不幸，祖宗不积德或上辈子不修。实际上这些人是心理障碍患者，由于无知，把本来经过分析治疗就可解决的问题当成比泰山还难改变的本性，许多人忍受了一生的痛苦，其家庭成员也跟着遭罪。

患者的心理过程，虽然复杂，但早已经被心理分析学家们梳理整齐了，但在本书的理论中，对这一病态过程的解释要比心理分析简洁、明了得多。心理冲突有四种类型：膨胀和反膨胀、压抑和反压抑、囚禁和反囚禁以及绝对的混乱冲突状态，下面要逐一描述。

由于本章的目的是为了说明心理障碍这一病理的过程，所以这里只描述心理障碍患者的内心世界。在患者的内心中，仇恨是主要的力量，所以我们描述中假定，恨的情结总是取得冲突的最后胜利，如果你是个有爱心的人（这并不意味着你的心中没有残存的伤痛——仇恨），你只要反过来理解这一过程就行了。为了更好地理解这一过程，可以把人比作一个生命弹簧，除了有一般弹簧的遇到拉力回弹，遇到压力反弹以外，生命弹簧还会自动变大，自动成长，自动加强，自动改变弹力系数。

膨胀与反膨胀

膨胀就是内社会的自我在自傲和自恋情结的控制下，变得自高自大，偏离个人的本来真实自我的过程。在这个过程中，内社会逐渐进入分裂状态，从而导致人格分裂。自傲者和自恋者在本身情结的作用下，情感上，自高自大，自己提升自己，而他人则是劣等、丑陋的，暗暗地仇视他人，并逐渐脱离现实，严重的甚至不知冷暖。理智上，从理想进入幻想，把自我进行幻想化，他不再是个普通人，而是全能或全知的伟人或神，他的事业是唯一值得的事业。人一旦膨胀自己，认为自己高人一等，自己比他人更有特权，或更可爱，他也就开始向魔鬼部分地出卖了灵魂。

与此同时，反膨胀的过程就应运而生了。反膨胀就是膨胀者人性中的正面力量——爱的力量，对自傲和自恋情结的反抗，爱的力量要求个人回到和平的自然状态，要求个人从自大狂的扭曲中走向正常，对外社会而言，和平是经济发展的前提，对内社会也一样，只有内心平安的情况下，自我实现才有可能。

内社会在两种力量的作用下，变得非常紧张，为了消除紧张，自傲者和自恋者就会更加依恋他的幻想，越依恋就越自我膨胀，越脱离真我和现实，爱的回弹力则越强，接下来，就越紧张和越依恋，这是一个恶性循环的过程。丘吉尔说得好：“独裁者骑虎难下，而老虎却越来越饿。”这和习惯吹牛者的大话许诺是一样的，吹牛者在许诺的当时，处于一种轻微的或严重的幻觉状态，就幻觉而言，他倒是真诚的。可以设想在接下来他紧张努力着，想实现诺言，但他肯定无法实现其诺言，因为那根本就是不可能的，兑现时，他将面临一个难堪的场面。一般人在这时会红着脸进行道歉，真诚地取得对方的原谅，事情也就过去了；而习惯吹牛者绝不会这么做，他没有勇气接受失败和面对自己无能的事实，因为当初吹牛时，他就是为了证明自己的无所不能。为了摆平这一难堪的场面，他就吹更大的牛，许更大的诺言，又一轮的恶性循环开始了。“中国首富”牟其中和“亿万富姐”刘晓庆，就是在循环吹牛中走向最后的疯狂。问题不在于你敢不敢捅马蜂窝，而在于捅了之后，你能不能对付狂野的蜂群。

压抑与反压抑

压抑是自卑情结对自我的控制和对内社会的强力压缩，情感上以自我为中心，理智上自己贬低自己。

人在自卑情结的作用下，情感上变得自骂、自恨、自仇，以至于最后的自杀。理智上，压抑者强烈地贬低自己，主动承认自己的无能，并把这种无能美化为“好人”、“谦虚”、“好脾气”、“咱是无能人”等。

反压抑是内社会的真我，也是爱的力量对自卑情结的反抗。奴隶虽然能适应他的地位，但决不会真正地同意自己的人格低人一等；他们会痛恨命运的不公，希望来世的重生，压迫者和被压迫者之间没有爱可言，虽然也有媚笑，有巴结，但媚笑和巴结只是仇恨的另一种表达形式。

生命被压抑后，爱的力量油然而生出了反压抑的力量，当真是哪里有压迫，哪里就有反抗。斗争形成的了紧张，为了消除紧张，自卑情结开始了它的镇压。由于孩子意志力量已经受到了父母的破坏，对自卑情结的反抗，最后总是遭到失败。失败后的可怜人将更加自卑，爱的力量被扭曲为恨的力量，这也是一个恶性循环的过程。轻则人格分裂，内社会被仇恨所隔离，完整的个人被异化为一个个片段；重的发生人格的变异，卡夫卡的人物在梦中变异为大蟑螂，有的自卑者，干脆就称自己为垃圾。严重的，只有自杀这一条路了，自杀的本质是他杀，是父母对孩子的慢性扼杀。

反压抑与压抑的过程，对应于外社会的清朝末年的那一段中国屈辱史。慈禧老太太，昏庸糊涂，心狠手毒，她和她的家族相当于自卑情结。在这个自卑情结的统治下，对外卖国求荣，对内则实行严酷的镇压的政策。

囚禁与反囚禁

囚禁是人心中逃避情结对真我的囚禁，囚禁者的特点是想守住原有的一切，囚禁者既不自我膨胀，也不自我压抑，而是逃离和回避，他是人生的旁观者。如果说，自傲者是一个战斗者，自卑者是一个卖国汉奸，那么保守者则是一个逃兵，不战而逃，他要逃到一个世外桃源中去，他把自我与世界隔离起来，他囚禁了自己。

反囚禁是爱的力量对囚禁的反抗。

生命是不能被逃避的，他的双脚虽能逃到无人地带，他的心却无法消除对朋友和对集体的深深需要，并且他在生理上需要异性，在心理上需要爱情。人是社会关系的总和，在远离人群的地方，人生毫无意义可言，人的天生的意义意志也不允许他逃离。英国诗人说没有人就是孤岛。逃避者身上的这种进步和人性的力量也在反抗他的逃避情结，这种反抗同样产生了紧张和冲突，冲突的结果是保守和逃避倾向占了上风，梭罗终于去了瓦尔登湖，保守者越加保守，固执的青年变成了顽固的老头，生命就这样被终生囚禁了。对于逃避者而言，好一点的是他的爱只是被囚禁了，爱只在小范围内起作用，在他的小圈内，他过得还是相当得幸福。逃避是爱和恨打了个平手，是情感上的静止状态——冷漠，情感的会扩张的森林变成了情感的静止的世外桃源，情感的河流变成了情感的湖泊。如果说，弗洛伊德的把达·芬奇的艺术品和达·芬奇的童年性幻想联系起来有一定的可信度的话，那么陶渊明之于世外桃源，梭罗之于瓦尔登湖，就是必然的选择了。这种囚禁与反囚禁、逃避与反逃避斗争的结果产生了一个奇特的现象，就是“著名的隐士”这一真实的幽默。

逃避情结统治的内社会对应的外社会就是南宋时期的中国社会。赵家小朝廷在金兵的逼迫下，一路南逃到了临安，在那里忘记了人世的烦恼，暂时过起了世外桃源的生活，“山外青山楼外楼，西湖歌舞几时休。晚风熏得游人醉，只把杭州作汴州”。然而在社会内部，正面的力量、人民的力量并不答应金兵对半壁河山的统治，遗民忍死望恢复，这就和保守势力不可避免地形成了冲突，岳飞屈死于风波亭就是冲突的激化。实际上在梭罗和陶渊明的内心世界就存在有这种冲突，只要把他两人的内心世界放大，就能得到两个南宋小社会。

混乱

混乱是恨的情结之间的黑吃黑，是自傲情结，自卑情结，逃避情结之间的相互斗争。世界上没有绝对事物，内社会冲突也不可能单单上面探讨的某一种，它往往是多种冲突的混合。多数心理障碍患者实际上是三种类型情结冲突的战场，三个情结的混合体。这三个仇恨情结的之间的冲突的比爱和恨之间的冲突更激烈，一个人在自傲情结的作用下，幻想他就是拿破仑，但有自卑情结的作用下，他可能连当众说一句话就脸红不已。在一次次的当众说话失败后，他的自傲和自卑将同时得到加强，人格的扭曲也将更加严重。描写这一过程的最优秀的文学作品当属《红与黑》。

仇恨和恐惧

从前面的探讨中知道，存在于人心的非理性的仇恨有三大流派分别为：蔑视派、嫉妒派和冷漠派。在人类发展的历史上，每一派都英才辈出。蔑视派中，杰出的有希特勒、日本军国主义者东条英机等，下流的有存在于每一个人身边的自大狂、骄傲者、自恋者、自认为高人一等者。隐藏在蔑视后面的是偷偷地羡慕、贪婪地想拥有别人的一切，希特勒掠夺了他所能掠夺的犹太人所有财产，从银行存款到每一颗金牙，并偷偷地羡慕着“日不落帝国”的广大殖民地；日本军国主义对中国人蔑视至极，称之为“东亚病夫”，但对中国的资源和土地却充满了感情，比中国人还有感情！日思夜想地要把它搞到手。嫉妒派中，羡慕是表面的，嫉妒是隐藏的。特别的嘴甜，口蜜腹剑是这种人特征，这种人是当面一套背后一套的两面派，典型的太监性格。这种人中成绩突出的有秦国赵高，唐朝的高力士，宋朝的秦桧和近代的汪精卫等，默默无闻的不计胜数，人们经常和这种人打交道并通称之为“小人”。在冷漠派中，出了许多的杰出的艺术家和著名的隐士，高雅的有陶渊明、梭罗、张爱玲等，低俗的有各种各样的如像章、垃圾等无聊品收藏家，最常见的就是金钱教的信徒们，各式各样的吝啬鬼，等等。仇恨的花样再多、恶再殊途多方，也逃不出这三大流派，弗洛伊德开创的心理分析有一百多岁了，对恶和仇恨的研究是他的看家本领，货真价实的东西也就这么多。

仇恨来源于冤冤相报和恐惧，冤冤相报是恨中生恨，是仇恨情感的连环成长过程，恐惧是仇恨的传播媒介。虽然说没有恐惧就没有冤冤相报，所以可以说仇恨的原初唯一来源是恐惧，失败是成功之母、恐惧是仇恨他妈。恐惧有轻重程度差别，有高度恐惧称为恐怖，也有低度的恐惧如害怕和害羞，这里统称为恐惧。

从恐惧之母到仇恨之子中有三个的心理链条，加上正常的链条扭曲而成的病理链条，实际上为六个链条。其中三个病理性的链条，就是三个仇恨情结的作用过程，上一节探讨的是仇恨情结与爱的斗争，这一节探讨仇恨情结的自身运作过程，下面将不不厌其烦给予说明。

第一个链条是自傲的产生链条，正常情况下，自傲(不是自信)是这样的产生的：平安和爱的状态——敌人出现——恐惧——恐慌——紧张——战斗——蔑视对方——仇恨——抬高自己——自傲——战斗结束——敌人消失——恐惧消失——仇恨消失——平安和爱的状态。

自卑产生的链条是：平安和爱的状态——敌人出现——恐惧——恐慌——紧张——投降——顺从敌人——贬低自己——仇恨——自卑——和仇敌相处——嫉妒——敌人消失——恐惧消失——仇恨消失——平安和爱的状态。

产生链条是：平安和爱的状态——敌人出现——恐慌——紧张——逃跑——逃避——冷漠——保守——敌人消失——平安和爱的状态。

在正常情况下，能打败敌人固然是上上之策，但当敌人过于强大，投降和逃跑也无可非议，面子并不重要，生存重于一切，敌人消失后，最要紧的还是传宗接代。由此相伴的情感上的蔑视、嫉妒与冷漠都是正确的，实际上也是物种的生存所必须的。

然而敌人并不那么容易被打败或自动消失，人们如果长期处于上述三种敌对的状态，面对如此强大的精神压力，神经不坚强的就有人格变异的危险。人生的最大悲哀莫过于在童年时期，在他最软弱无力时，遭遇了令他恐惧的环境。这种恐惧的来源在上一章中已经探讨过，偏心眼的父母，不和的家庭，等等。恐惧将通过条件反射内化在他的心中，从而形成持续终生的恐惧体验。这种孩子长大后，恐惧并不会消失，并在恐惧的压力下，形成三种仇恨情结。

另外的三条病理性的链条分别是自傲情结：恐惧——恐慌——紧张——战斗——蔑视对方——仇恨——抬高自己——自傲；自卑情结是：恐惧——恐慌——紧张——投降——顺从敌人——贬低自己——仇恨——自卑——和仇敌相处——嫉妒；逃避情结是：恐惧——恐慌——紧张——逃跑——逃避——冷漠——逃避。

对这种人来说，在他们的生活中没有爱和平安的状态，他们对所有的人都心怀恐惧，他们在错误的时间和错误的地方恐惧，在没有敌人的出现时，他们仍然恐惧，自傲、自卑和逃避实际上是一种轻度的社交恐惧症。他们在友谊面前采取攻击策略，狗咬吕洞宾，不识好人心；在真正的机遇面前，采取逃避策略，错失大好的发展机会；在该顺从时不顺从，自取灭亡。心理分析表明，自傲者、自卑者和逃避者经常处于恐惧和敌对情绪中，卡伦荷妮称之为“基本焦虑”。在这种人的心目中没有好人，他们不仅自我扭曲，还用扭曲的目光来看待他人。武松不听劝阻离开了景阳冈酒家，酒家老头道：“客官，你怎么尽把人往歪处想。”

在心理障碍患者中，这三个过程的强迫性来源于恐惧的强迫性，恐惧是心理冲突的唯一原因。恐惧是骄傲、自卑和逃避的真正原因，没有人天生的骄傲、自卑或保守，也没有天生的贱货——习惯性罪犯。病理性的恐惧是许多家庭和社会悲剧的真正的原因。

希特勒、日本军国主义者、自大狂、保守顽固分子固然是可恨的，但不为人知的是他们更可怜，越不会爱的人越需要爱。内心的恐惧把他们的情感变成了蔑视、嫉妒和冷漠。也正是内心的恐惧把希特勒逼向了疯狂，把葛朗台逼成了吝啬鬼，把梭罗逼向了瓦尔登湖。人有多疯狂他的内心便有多恐惧，天若有情，也会为这些人洒下倾盆的泪水。

以上的三条病理性的链条也实际上是情结的工作流程图，这个流程图很像电器里的多极放大电路。美国社会中就有两个恐惧放大器，一个民主党，一个共和党，就是这些职业政客们炮制出了中国威胁论。中华民族是世界上心胸最宽广，心地最善良的民族，弥勒佛一个，都快善良成老好人了，很有些菩萨渡人和基督救世的味道，每一个中国人都应该为之骄傲。经济的发展只能让中国人更善良，更有爱心，对世界更有好处。可那些美国所谓的鹰派，自己心术不正，以己度人，把别人也往歪处想，认为中国就像他们一样，发展经济是为了制造武器，制造武器就要称王称霸。对中国未来经济规模的嫉妒(你越落后他越高兴，你要是稍微好过一点他就莫名其妙地不舒服)就上升为中国威胁论，再经这些资产阶级政党所控制的报纸一宣传，中国威胁论就成美国人的一块心病了。

儿童多动症实际是儿童恐惧症，多动是因为内心紧张所致。正常的儿童在十五分钟内只玩一个小汽车、多动的孩子却要在十五分钟内玩一个小汽车，一个卡布达巨人和一个田多丽娜。他的节奏快完全是因为他的内心紧张，这种紧张的来源就是恐惧，恐惧从父母传到了孩子。与其说是儿童多动症，不如说是父母恐惧症。

焦虑症本质上是一种多重恐惧症，患者前怕狼，后怕虎，左怕悬崖，右怕峭壁，站在原地怕饿死。焦虑症的恐惧是弥漫性，全身心的恐惧，而像广场恐怖症、猫恐惧症、恐高症等稀奇古怪的恐惧症则是定点恐惧症，只恐惧某一事物。强迫症是一种预期恐怖症，患者对可能出现的事物充满了恐惧，反复地洗手，反复地核对门是否关上，非理性的恐惧同样控制了未来。恐惧是心理冲突的根源就像贫穷是战争的根源一样。

这一节是《情结的产生》一节的延续，讨论的也是情结产生的原因，只不过变换了一下考察的角度，是从条件反射的角度来讨论情结的产生和情结的工作流程。本节讨论的三大链条也是条件反射的过程，自卑、自傲和逃避本质上都是条件反射。人的行为和狗的行为是遵守同一规律的，狗也会自卑、自傲和逃避，只不过人的行为复杂了一些，人类自认为高狗一等只是一相情愿罢了，人与所有动物一律平等。

仇恨情结扭曲心灵

我们从马斯洛的需求层次理论来探讨一下心理冲突。

先简单介绍一下马斯洛的的需求层次理论。

人类的五大需求是：1.生理需求：简单地说，就是衣、食、住、行。2.安全需求：要求保障自身及财产的安全。3.社交需求：寻求友谊、爱情，期望建立温馨和谐的人际关系。4.尊重需求：希望得到他人的认可与尊重。5.自我实现需求：渴望体现自身价值，有成就感。

在这五大需求中，第一项是最初级的，只有实现了生理需求，才有条件向上要求。其次，安全需求也比较容易做到，这是人的本能，但要排除那些嗜财、酒等如命的人。社交需求是人的生活质量的重要反映，温馨的家庭、朋友的友情会增加生活的无限乐趣。尊重需求是争得他人的认可与尊重，从而会使自己做事充满信心，而自信的人是最有魅力的。自我实现需求是最高层次的需求，努力发挥自己的能力，做出对自己和他人有用的事，体现自身价值，产生成就感是最令人心情愉悦的，会使人感到无比的满足和开心。五大需求都做到了、做好了，才是一个高素质、有品位的人，而事实上要完全做好是很不容易的。我们可能做了一些，可能有些没做好，但只要认真去做就好，起码不能只做到初级吧！那样只能和低级动物一样了。

在我看来，马斯洛的层次需求理论属于人格动力学理论，本书引用这一理论也是作为人格动力理论来服务本章的中心内容。

一个儿童如果没有先天神经系统疾病，后天生活环境安定，他必将成长为一个心理健康的，意志坚定，成熟老练的成年人。心理学对他无用的，也是没有必要的。但是理想的生活并不是人人都能享受的，有很多人会成为不幸的心理障碍患者。所谓心理障碍患者就是人格结构中有缺陷、障碍和病理情结的人。心理障碍患者的心理功能混乱，他们已经对自己的行为失去的部分控制力。

合理的人格结构是人类层次需求得到满足的基本保障。一个人格结构出现了障碍和缺陷，他的需求就不会按照马斯洛的层次来办事了。有不少根本就不满足自己的生理需求，而先去追求精神需求。心理障碍患者就是控制不了自己，不按层次先后满足自己的需求的典型代表群体。心理障碍患者会在病理情结的作用下，升华、改变、压抑或者扭曲马斯洛的需求层次。根据观察，下面的人类欲望容易被情结扭曲，心理障碍患者很容易在这些欲望和病理情结的支配下，发生行为变异。

一是占有欲。自傲情结能强化占有欲，自卑情结弱化、压抑占用欲，逃避情结压抑占有欲。

二是表现欲。表现自己是人类的最基本的需求，每个人都喜欢表现自己，差别是有人正确地表现自己，有人错误地表现自己。所谓低调不是不表现自己而是正确地表现自己，所谓的高调本质上是在错误的时间和错误的地方表现了自己。自傲情结强化表现欲，放大表现欲，从而让心理障碍患者成为让人生厌的人。

自卑情结则压抑表现欲，让人过分谦虚而不敢表现自己，从而阻碍患者的人生发展。逃避情结能让患者自己远离人群，让人丧失表现欲。

三是求胜欲。自傲情结升华，强化求胜欲，自卑情结压抑求胜欲，逃避情结淡化求胜欲。

四是性欲。这个非常重要，许多心理学理论都把性欲放在中心地位。马克思的社会发展理论中，经济是一切基础。弗洛伊德的心理学理论中，性欲就是一切的基础。自傲情结会升华强化性欲，自卑情结会压抑性欲，逃避情结则会淡化性欲。

仇恨情结导致人格分裂。仇恨情结的最大破坏就是导致人格分裂。让患者的心理世界处于分裂状态，从而导致行为错乱。

仇恨情结打造出幻想的锁链。只要是个人，一般都会对自己有个看法，记者采访明星时，一个主要的话题就是：“谈谈你自己吧？”明星们就会说一些自己对自己的评价等。自己对自己的评价就是自我形象，有的心理学家把自我形象叫自我字典什么的，说的都是一回事。

人们在对自己进行评价时，有一种美化自己的趋向，光说自己好，少说或不说自己的不好。有人说起自己的优点来，能口干舌燥地说一整天，对自己的坏处却避而不谈，这种自我美化的趋向称为自我理想化。自我理想化的基本手法就是打肿脸充胖子，恐龙变美眉，青蛙变帅哥。“紧张”、“脾气急”，被美化成“爽快”、“麻利”；“阵里阵气”、“办事虎头蛇尾”，被美化成“兴趣广泛”、“对世界保持了一颗童心”，童心吗？一般只持续十五分钟，幼儿园里的阿姨最明白这一点了；扭曲世界被美化成观点新奇、见解独到；作家的过敏和神经质，则会被美化成观察力强，感觉敏锐，或干脆就像卡夫卡所说的他自己有一双“显微镜式的眼睛”。日本的军国主义更为典型，中国人半个多世纪的宽容也没有换来一声真正的忏悔，侵略者被美化成解放者，在中国的烧杀抢掠是解放亚洲人的一个步骤，中国人该死，谁让他们是低等民族呢？

灵魂的世界没有裸体，最丑陋的灵魂和最邪恶的灵魂，也都穿着名牌的语言外衣——爱、善良、勇敢，等等。阿Q的现实世界贫穷而又丑陋，但他的精神世界则很美丽，一个美丽的海市蜃楼，生活的理想变成了生活的幻想，幻觉让他活了下去。美化自己是意义意志的特征，没有人愿为丑陋的意义献身，在真正的忏悔没有来到之前，即是最十恶不赦的罪犯也会美化自己。在弗洛伊德的人格结构中，超我负责完成自我美化的任务，是专干这勾当的。

心理障碍在现代的中国社会还是不光彩的话题，人们一提起心理障碍就想起精神病院里面的疯子。这一联想有一半是错误的，心理障碍患者确实不能说是精神病人，患者本人和他周围的每个人一样平常地生活着，有的还活的很好，甚至是个生活中的成功者；这一联想也有一半是正确的，心理障碍患者是介于疯子和正常人之间的疯了二分之一左右的人，其特征就是半疯狂，管不住自己，赌徒就是半疯子。

心理障碍患者和疯子一样，部分或全部地处于一种幻觉状态。对于心理障碍患者来说，自我理想化就是自我幻想化，一种极端的自我美化。有一个幽默故事，说希特勒去视察精神病院，向精神病人们说：“你们知道吗？我是希特勒。”病人们哄堂大笑，答：“我们刚来时，也认为自己是希特勒。”的确，在心理障碍患者的心目中，他们自己是了不起的，他们不是人，而是神。每年“菜花黄”时，满大街出现的疯子们，正常人嘲笑他们，从他们身上看到自己的优越，却不知，疯子也一直嘲笑正常人，在疯子的眼里，正常人根本就是笨蛋一个，远不能和他们自己相比。神当然不会害病，包括心理疾病。病态的人从来不认为他是病态的，更不会承认自己恐惧。他们才不恐惧呢？想让希特勒承认他心中有恐惧比登天还难。但他们变异的身体语言和思想观念将毫不保留地泄露一切。

虐待、受虐、自傲、自卑只是心理医生的说法，在患者心目中，他们不这样。

自傲情结（虐待倾向）被美化成爱、仁慈、勇敢、果断、坚强等，患者自己则成了拿破仑、拯救者、爱心大使

自卑情结（受虐倾向）被美化成真诚、纯洁、善良等，患者自己则是好人、为真理而战的牺牲者、仁慈者等。

逃避情结，被美化成保本、自由、世外桃源、瓦尔登湖等等，患者自己则是个人主义者、无政府主义者、自由主义者，理想主义者、收藏家、隐士等。

就这样，在幻想中，三大仇恨情结（也即三大仇恨链条）被涂上了金子一般的颜色，就像锁链一样锁定了患者自己，患者住在自己为自己打造的一个金色的心灵地狱里。在幻想锁链的彼岸则是恐惧，固化的恐惧紧紧握着锁链决不放手。幻想是症状，恐惧是病因，消除了恐惧，将会立即消除幻想，心理疾病将会自动痊愈。

最后附带作一些简介。因为心理学是一门艺术，所以它从来就是一团乱麻，据说现在心理学理论已经有一百多个了，并且像文学一样越来越民族化，这真让别的学科笑掉大牙。既然有一百多个理论，心理疾病就可能有一百多个病因，童年体验是心理疾病发生的关键病因这一点是共认的，但接下来各理论之间就发生了分歧。

卡伦荷妮认为，心理疾病的病因是患者在不良的童年体验后，在自我理想化过程中，误入歧途，进入了自我幻想化，从而产生了心理疾病，幻想是心理疾病产生的原因。其他的人本主义

呀等，它们的病因说和卡伦荷妮的大致差不多，换汤不换药，换概念不换本质。弗洛姆的理论很奇特，他认为，自由是可怕的，患者无法承受自由的压力，在对自由的逃避中形成了心理疾病，逃避自由是心理疾病的病因。

没有人天生是个幻想狂，幻想只是被恐惧的环境给逼出来的，能在现实中击败敌人，谁愿意搞什么精神胜利法，精神胜利法是给逼出来的，而不是阿Q自己的发明。卡伦荷妮的理论以女性特有的细腻，为心理学的发展的作出了很大的贡献，但她犯了因果倒置的错误，在实践中，她对患者的治疗也不彻底。至于弗洛姆把逃避自由当做心理疾病产生的病因更是一种胡说八道，自由多好啊！干吗要逃避？令人恐惧的环境首先封锁了患者自由的可能，患者在环境的逼迫下不得不放弃自己的自由，把自己的自由意志交给了父母等人，一切由父母包办，情感的成长也就成了不可能的，以致最后意志丧失形成心理疾病。

第六章　人心中的革命——性格变革

性格决定决定命运，但人的性格一生都在改变，我们可以通过改变性格来改变命运。在人生的大部分时间里，性格都在缓慢地悄悄地改变，我们慢慢地变得成熟和淡定，我们的胸怀越来越宽广。

看看文学著作中，是怎样描写人的性格的变革。金庸的小说《飞狐外传》中的一个段落：

程灵素却不站起，说道："苗大侠，我师父早就不叫'一嗔'了啊。"苗人凤道："甚么？"程灵素道："我师父出家之前，脾气很是暴躁。他出家后法名'大嗔'，后来修性养心，颇有进益，于是更名'一嗔'。倘若苗大侠与先师动手之时，先师不叫一嗔，仍是叫作大嗔，这铁盒中便只有毒蛇而无解药了。"苗人凤"啊"的一声，点了点头。程灵素道："他老人家收我做徒儿的时候，法名叫作'微嗔'。三年之前，他老人家改作了'无嗔'。苗大侠，你可把我师父太小看了。"苗人凤又是"啊"的一声。程灵素道："他老人家撒手西归之时，早已大彻大悟，无嗔无喜，那里还会把你这番小小旧怨记在心上？"苗人凤伸手在大腿上一拍，说道："照啊！我确是把这位故人瞧得小了。一别十余年，人家岂能如你苗人凤一般丝毫没有长进？姑娘你贵姓？"

在人生的特殊时期，性格改变是剧烈的和革命性，就像山洪暴发一样。这种剧烈的改变常见于两种情况，一种是正常的改变，如我们前面提到的青春期的心理变革，另一种是心理医生治疗心理障碍患者，让患者的性格发生剧烈的变革。后一种是本书讨论的重点。

性格改变的原理和方法

由于人心是个社会，所以人性格的变革实际上就是内社会的革命，性格的改变等于革命。对于心理障碍患者而言，变革就是要推翻心中三大情结的统治，就是要在人心的内社会中，建立民主、自由、开放的共和国，建立民有、民享、民治之政府。心理学家改变人和政治家进行社会革命是一样，心理医生们要像孙中山、圣雄甘地、曼德拉、华盛顿那样带领患者心中的“真我”进行一场革命战争。自我改变的原理和社会革命的原理是一样的，中国在短短二十多年的时间里发生的变化有目共睹吧，社会改革的成功大家都看到了吧，所以任何人都是可以改变的，性格大变，犹大变耶稣，天翻地覆。

改变性格的方法很多，只要你有信心，心理学就比你还有信心。除过去与环境、机遇、命运等因素外，单单从性格角度看问题，心理治疗法可以让不问政治的张爱玲变成雄才大略的武则天，让卡夫卡变成笑弥勒，让软弱的加斯科因变成坚强的贝肯鲍尔，让无能的刘禅变成康熙大帝，让希特勒变成华盛顿。这是一种彻底的改变。

心理分析

人是要有自知自明的，自知自明是一个正常人必备的素质，然而自知自明也不是那么容易就能做到的。当一个人心灵扭曲时，就丧失了自知自明的能力。有的人因贪婪成性而难有自知自明，有的人因自卑自恨而难有自知自明，有的人则因狂妄而难有自知自明。有的心海本身就是死亡之海，寂寞得像沙漠，有的心海早已经冰冻三尺，寒冷也不次于南极，这一切都让自知自明变成一件很困难的事。人类的悲剧在于越贫穷的人越没有挣钱的能力，越不可爱的人越需要爱，而越需要自知自明的人却越没有自知自明的能力，越没有自我认识所需要的智慧。其实，这就是无处不在的“马太效应”。

推翻三大情结的统治，就是要切断前面的说的三大病理性链条。反复观察分析自己的行为，反复地体验恐惧是怎样控制的一个人思想和行为的。

三条病理性的条件反射链条分别是自傲链条：恐惧——恐慌——紧张（扩张性的紧张）——战斗——蔑视对方——仇恨——抬高自己——自傲；自卑链条：恐惧——恐慌——紧张（收缩性的紧张）——投降——顺从敌人——贬低自己——仇恨——自卑——和仇敌相处——嫉妒；逃避链条是：恐惧（一般为程度较轻的害羞）——恐慌——紧张（收缩性的紧张）——逃跑——逃避——冷漠——保守。

梦在人的性格改变中，有很大的作用。梦是人的意识，但梦又有特殊性。我白天的意识主要反映的是现实世界，梦则主要反映我们的内心世界。

心理医生并不是什么好的职业，患者普遍的不领情，不相信心理分析，也抗拒分析，这我们在本章开头已经谈到过。因为是一场革命，国民党反动派不会轻易退出历史舞台，三大情结是要进行反抗的。

心理分析的过程也是情感成长的过程。

张爱玲的心理分析

本人是一个标准的张爱玲迷，愿和天下所有的张迷共勉。单单以才华论，张爱玲可以说是个天才，文曲星下凡。张爱玲的理性思维能力也非常强，一个少女，能写出那样的理论文章，怎么不让人叹服？许多自称为理论家的男人也远不如她。比起现代的女作家来，她真的就不是“女作家”，她的思想男子化的。但是，张爱玲的性格并不好，是社交恐惧症患者。张爱玲是众所周知的个人主义者，不问政治。张爱玲和陶渊明一样，内心世界是逃避情结执政，固守在自己的世外桃源里。把张爱玲变为武则天，很简单，推翻张爱玲的逃避情结就行了。

《张爱玲传》中作者余华是这样写张的家庭环境。

当然，无论在那一个家，环境加予好性格发展的指向都是一致的：朝着内省、敏感、自我封闭的路上走，而孤独与寂寞则不可避免成了她早年生活中最大的情感体验。张爱玲的寂寞与孤独中包含的内容是多重的，而安全感的匮乏构成了它的核心。她把自己从父亲家放逐出去，可是因为做不了合格的淑女，也不能顺利走进这个新家。所以她在家庭生活中是个边缘人，关键是，自她年纪稍微大一点，比较懂事之后，她一直没有找到家的感觉。

张爱玲是在恐惧中长大的，她在一首描写童年的诗中写道：

曲折的流年，
深深的庭院，
空房里晒着太阳，
已经成为古代的太阳了。
我一直跑进去，
大喊：“我在这儿！
我在这儿呀！”

张爱玲的那支神笔，写出了她那梦魇般的恐惧。恐惧完全地控制了她，成了她根本就无力逃避的环境，水一样地淹没了她。张的父亲吸毒，重男轻女，继母讨厌她。张的母亲离婚了，出洋了，冷漠地留下了她，弟弟和令人恐惧的大房子。可以想见的是，张爱玲会像所有的孩子一样，希望远游的妈妈带上她，但她不敢，她经历了太多的挫折。她不敢说："妈妈，带上我。"她只敢说："妈妈，你在走之前看看我，注意我，我在这儿呀！"张爱玲对妈妈的要求是何等的少，只要求不要冷漠，多看女儿两眼吧，但她没有得到。

张爱玲在成年后，反复向她人描述她的一个梦。

……船到的时候是深夜，而且下着大雨。我狼狈地拎着箱子上山，管理宿舍的天主教僧尼，我又不敢惊动她们，只得在黑漆漆的门洞子里过夜。（也不知道为什么我把自己刻划的那么可怜，她们何至于这样地苛待我。）风向一变，冷雨大点大点扫进来，我把一双脚直缩直缩，还是没有处躲。忽然听见汽车喇叭响，来了阔客，一个施主太太带了女儿，才考进大学，以后要住读的。汽车夫砰砰拍门，宿舍里顿时灯火辉煌。我趁乱向里一钻，看见舍监，我像见了晚娘似的，陪笑上前……

根据《张爱玲传》，张爱玲每提起这个梦就痛哭，即使在她成名之后。梦反映张爱玲对世界的基本感受：冷漠，这就是持续终生的童年体验。因为世界对张冷漠，作为适应，她也用冷漠来回应这个世界。张爱玲性情孤僻，难于与人相处；张爱玲自我封闭，从不试图于人沟通。这个梦向我们显示了张作为个人主义者是被迫的，并不是什么人性本来就是自私的。张爱玲从不自虐和虐待别人，但也不同情和帮助别人，在《张爱玲传》是这样描述张的冷漠：

胡兰成因与妻子离异，要做感伤状，那一天到她处面上有泪，似是对夫妻一场而至于分离，终觉感伤，张爱玲却不肯勉强自己，不陪他落泪，也不为言宽解，她不同情就是不同情。

张爱玲的逃避情结来源于她的恐惧，具体说就是童年时期令她恐惧的家庭环境。张爱玲的内在心路历程并不神秘，作家不特殊，也符合心理学的条件反射原理。束缚张爱玲的就是逃避链条：恐惧（一般为程度较轻的害羞）——恐慌——紧张（收缩性的紧张）——逃跑——逃避——冷漠——保守（个人主义）。

张爱玲的个人主义的世界观来自恐惧，相反她会认为每个人都是天生的个人主义者，谁不和她一样是个人主义者，谁就虚伪。对于六祖慧能来说，人的本性是善良和利他的，但在张爱玲看来，人性是自私的。张爱玲不可能成为马克思主义者，不进行情感分析和治疗，她也永远无法理解真正的马克思主义者的内心世界。

她的个人主义观起的作用就是压抑她的恐惧，不让她的恐惧显现出来，童年的恐惧一旦显现出来，可怜的天才女子是没法承受的。这就像一个失败者不愿意承认自己的失败一样："我是自愿退出战场的，我乐意，我是个人主义者，独立自主，与世无争。"而事实是，失败者是被打败的，不得不当了个人主义者。诸葛亮在没有人用他时，只好当了卧龙，而不是他嘴上说的是个人意愿。

她所谓的个人主义者要么是不存在的，要么以病态的方式存在，也不会给人带来真正的欢乐。张说"在没有与人交接的地方，充满了生命的喜悦"，但为什么她的小烦恼那么多，像藏满蚤子的睡袍，一刻也没有办法克服。人要会帮助人，同情人，这样才能断掉人生的烦恼，找到人生的真正幸福，才能杀死她睡袍里的所有蚤子。

卡夫卡的心理分析

卡夫卡的心理分析是心理分析学派的经典案例，我从网上抄录后利用了，原作品我无法找到，但我声明下面这几段不是我写的。

1913年是卡夫卡第一次“恋爱高潮年”。在这一年他经历了无比复杂的心理冲突，也写下了一系列典型的“自我论断”：

我内心世界可怕的不安！对人的这种恐惧，我从来都有，并非真正恐惧他们本身，而是恐惧他们侵扰我羸弱的天性。连最亲近的朋友走进我的房间也会叫我深感恐怖，这一点，并非只是上述恐惧的象征。至于办公室的工作有朝一日摆脱它的可能性根本不存在。然而，某一天我会因无力承受而只好放弃，这种可能性倒绝不能排除。就此而言，我内心的不安和焦虑十分可怕。读日记令我感动。是否因为现在我没有了丝毫的自信？对我而言一切似乎都是虚构。别人的每一个看法、每一次偶然目光，都会把我内心搅得方寸大乱，哪怕已经忘记了的事情，哪怕完全无足轻重的事情，都会叫我深深地不安。我比以往任何时候都更缺少安全感，我现在只感到生活的压力。我看不到意义，一片虚空。

类似的案例表明，卡夫卡的存在性创伤十分惨痛，他的存在性不安已经到了无以复加的地步。事实上，在整个的一生中，他都将被各种形式的存在性不安所追逐，他人、自己、工作、噪声、病痛等将使他饱受折磨。而所有一切非人的创伤和不安，正如我们在上一章看到，在他的童年，甚至在更早的时候，就已深深刻进他生存的躯体。

事实上，理解卡夫卡问题的许多重要线索埋伏在第一章中。从呱呱坠地到五岁左右那些至为关键的年龄，卡夫卡这个天生羸弱而敏感的孩子，本来就生存在一个“存在性不安”的背景之中。准确他说，从一开始，从婴儿期，由于母亲对父亲的“全日制”奉献，卡夫卡的“原始存在”就已经遭受了严重的“原发性”创伤。在这一基础上，父亲的粗暴、专制、野蛮以及母爱的继续缺席，成为卡夫卡存在性不安背景中的中心因素，它们与其他各种因素综合起来，一道共同决定了卡夫卡的命运。

关于父母直接导致的创伤，我们在第一章已经有了较为详细的了解。对在此之外的其他存在性不安因素，有必要略加简要的讨论。

在奥匈帝国错综复杂的社会情势中，在波希米亚、在布拉格、在那“肮脏的犹太旧城”之内，卡夫卡的父母逆流而上，为生活而拼搏。毋庸强调，他们自己本来就处于严重的存在性不安之中。无论是作为曾被剥夺过童年的孩子，还是作为犹太人、尤其作为极其孤立阶层“捷克德语犹太人”，抑或作为商海沉浮中提心吊胆的小老板，他们必然时时受到各种不安因素的袭扰。而由此造成的冲击，很容易转嫁到他们天生羸弱而敏感的幼小儿子身上。

例如，在卡夫卡对童年时代的有限回忆中，总要提到父亲的商号在月底结账时全家的“不安”，这正是一个典型的例子。月底的结账将告之一个月的努力到底换来了什么，这对刚刚艰难起步的父母，无异于一次例行的判决，让他们惴惴不安，并让卡夫卡也受到感染。

又例如，父亲试图从小就向卡夫卡灌输这样的思想：在生活中，对大多数人都不要相信。据卡夫卡回忆，当时，在他幼小的心灵中占有一定地位的人，无一不被父亲批评得体无完肤。可是，“在我这个孩子的眼里，这样不信任人是毫无道理的，于是乎，在我的心灵深处，这种对别人的不信任变成了对我自己的不信任，变成了一种持续的、对所有人的恐惧心理”。儿童是学习的天才。当父母在生活和工作的重压下喘不过气时，儿童会以自己的方式感觉出来，并产生相应的不安全感。这时，如果父母再以简单、粗糙的方式要求孩子来理解自己，并对孩子提出超乎其能力的行为标准，并用粗暴的手段强制执行，孩子就会陷于深深的存在性不安。做父母的主观上大部希望能够“挑起因袭的重担，肩住黑暗的闸门”，而且大都认为自己做到了这一点，但事实有可能正好相反。

希特勒的心理分析

希特勒的心理分析也是心理分析学派的经典案例。

纵观希特勒一生，他是一个充满复仇情结的人。它会在潜移默化中影响一个人的思维和情感方式，使人形成特殊的偏见或偏好。希特勒早年的梦想是成为一个画家，也曾想当建筑师。他曾两次报考维也纳美术学院，可都落榜了。由此，他成为维也纳街头的一个流浪汉，住在贫民窟内，饱一餐饿一餐地过日子。他后来回忆说：“那时我除了一身黑大衣和饥饿是忠实朋友外，什么都没有。”为了谋生，希特勒曾到铁路行李房扛包裹，也曾在街道给人画像，还曾在下雪天扫马路，实在没有活干，就到粥棚去蹭粥喝。这段悲惨生活经历深深影响了希特勒的一生，他不但人格上变得刻薄冷酷，在政治上也好走极端。如希特勒主张日耳曼民族优越无比，并顽固地反社会主义、反犹太主义等。希特勒的复仇情结使他待人冷酷无情，毫无良知。希特勒后来因为“啤酒馆政变”而被捕下狱，他在狱中写下了臭名昭著的《我的奋斗》一书，其核心思想就是复仇与扩张。希特勒上台之后，完全执行了其纳粹理念，撕毁了《凡尔赛和约》对德国军力的限制，疯狂扩军备战。1939年9月，希特勒悍然发动了侵犯波兰的战争，由此拉开第二次世界大战的序幕。占领波兰后，希特勒把德国、波兰等国的犹太人都押送至设在当地的集中营。这是因为希特勒认为，当年犹太人的背叛是“一战”中德国战败的主要原因。所以他要疯狂迫害犹太人，以泄当年之愤。1939年“二战”爆发时，欧洲共有犹太人920万人，可到了1945年战争结束时，欧洲仅剩下310万犹太人；同样，二战爆发时，德国有犹太人20万人，可到1945年5月，只剩12000人。由此，希特勒的复仇情结完全超越了人性。按照国际法，军人一旦在战场被俘，是不得虐待的。但是，希特勒根本不顾这一套。他曾下令：苏联军队中的政治委员一旦被俘后一律枪毙。二战中，苏联红军的政工干部极少生存。他的手下认为枪杀战俘不妥，对此他说：“见他的鬼！如果我不体恤俘虏，不考虑战俘的权利，那么敌人在战场前就会好好地想一想了。”据说，希特勒还曾下令，如果德军拿下莫斯科，将彻底予以毁灭，以报其不投降之仇。希特勒的复仇情结使他对国人也十分冷酷。1945年开春，德军的处境越来越不妙。希特勒下令，将德军所有放弃重要阵地的指挥官立即处死。希特勒也是一个偏执型人格障碍者。偏执型人格又叫妄想型人格，突出表现有：固执、僵化、敏感多疑、易发脾气、完全不替他人着想。偏执型人格障碍者还伴有忧郁型情绪障碍，其表现为心情恶劣、焦虑紧张，并很容易感到生活乏味、对受过的伤害耿耿于怀，不能饶恕他人。希特勒做事极端蛮横而不计后果。希特勒的中学老师爱德华•休曼曾说：“希特勒肯定有某些天资，但是他缺乏自制力，说得客气一点，他好强辩，刚愎自用，脾气暴躁，自以为是，不遵守课堂纪律，总之学习又不用功。”希特勒从小就是一个妄想成性的人，做事我行我素，随心所欲，颇具艺术家气质。而心理学的研究表明，一个人处在精神亢奋的状态下可能会产生高度的突发奇想。凡高、莫奈的不少艺术杰作都是在这种状态下完成的。希特勒在情绪高涨时，也是灵感迸发，作画甚具原创性。可惜梦碎维也纳，使希特勒由追求艺术梦想而转变为寻求政治抱负，走上了另一条人生道路。可悲的是，他的政治抱负给一个民族、一个国家乃至一个时代带都来了巨大的灾难！1941年12月5日，苏军向莫斯科城外的德军发起总攻，在苏军强大的攻势下，德军伤亡很大。此时中央集团军群司令博克元帅请求后撤，但是希特勒坚决不准，尽管后退会有利于部队补给。由于希特勒坚持己见，德军在苏军的反击中无必要地伤亡了50多万人，最后还是后退了100～150公里。对此，希特勒没有丝毫的反省！

张爱玲在恐惧的压力下，走向了个人主义，卡夫卡走向了逃避，希特勒则在恐惧的压力下走向了自虐和虐待别人，都有一个心理挣扎过程。这两个例子再一次证明了本书的核心观点：恐惧是仇恨之母，人有多恐惧便有多疯狂！

最后向读者再啰唆两句，心理疾病并非全是坏事，塞翁失马、福祸相依的道理大家都是知道的。痛苦是艺术的母亲，蚌病成珠！至于在一般人中，比卡夫卡内心更痛苦更病态之人多的是，但由于没有他的才华，患上不孕症，不能产生艺术，就只有痛苦了，蚌病不成珠，这也太划不来了。还是要抓紧分析治疗的好，这实在是关系你自己、你本人、你自个一生幸福的大事。

禅宗心理治疗法

在灵山法会上，如来佛祖对着他的众多信徒，不说一句话，手里拿着一朵花，向众人环示一周。大家不了解他的意思，只有大弟子摩柯伽叶，会心一笑，于是，如来当众宣布：“吾有正法眼藏，涅槃妙心，实相无相，微妙法门，不立文字，教外别传，付嘱摩柯伽叶。”这便是禅宗的起源。

由于信佛的终极目标就是成佛，而成佛的本质就是情感的成熟和人格的完善，所以在佛教的修行方法中包涵有对病态人格进行治疗的方法。在古代，佛教就提出了明确的心理医生概念，就是佛的十号之一——调御丈夫。心理医生并不是西方人最早提出的，而是佛教对心理学的贡献之一，这是任何人都必须承认的。心理学起源于东方，现在也还在东方，西方人没有超越。

《坛经》首先讲六祖慧能是调御丈夫，虽然六祖慧能还是个文盲，但他就是最伟大的心理医生，因为他拥有爱和完整的人格。在忏悔篇中，禅宗讲述了他的心理理论和心理治疗法。

今与汝等授无相忏悔，灭三世罪，令得三业清净。善知识，各随我语一时道："弟子等，从前念今念及后念，念念不被愚迷染，从前所有恶业，愚迷等罪，悉皆忏悔，愿一时消灭，永无复起。善知识以上是为无相忏悔。云何名忏？云何名悔？忏者，忏其前愆。从前所有恶业、愚迷、骄诳、嫉妒等罪，悉皆尽忏，永不复起，是名为忏。悔者，悔其后过，从今以后，所有恶业、愚迷、骄诳、嫉妒等罪今已觉悟，悉皆永断，更不复作，是名为悔，故称忏悔。凡人愚迷，只知忏其前愆，不知悔其后过。以不悔改，前罪不灭，后过复又生，何名忏悔？既忏悔已，与善知识发四弘誓愿，各须用心正听："自心众生无边，誓愿度!自心烦恼无边，誓愿断!自性法门无尽，誓愿学!自性无上佛道，誓愿成!"

这中间和现代心理治疗除了有语言的阻隔外，其特征完全相同。要求患者用行动来治疗，各随我语一时道，要求大家来念，大家要熟悉理论，而不仅仅是听讲。经过忏悔后，人要"悉皆永断，更不复作，是名为悔"，并且禅宗指出"凡人愚迷"，他的方法是和平常人的方法是有区别的，做了凡人不能做的。劝人和心理医生治病是两回事，劝人往往是白费口舌，只有心理治疗才能从根本上改变人，才能做到"悉皆永断，更不复作"。

禅宗的方法很多，讲经，德山棒，临济喝，云门饼，赵州茶等，但主要的方法就是坐禅。这里单单介绍一下：

初禅，心一境性，定生喜乐；所谓的心一境性，就是指从某一种方法入手，初步达到心境宁静，统一精神和思虑，集中一点，没有纷杂的念头，渐渐引发生理上本能的欢乐。二禅，离生喜乐，心境更为集中，更为坚定，脱离和消除生活中的压力。三禅，离喜得乐，由前引发的心理上的喜悦，已经熟悉而又安静，成为和平常人不一样的生活习惯。四禅，舍念清净，以上的三个禅定的过程仍有感觉和意识存在，到了四禅的程度没有感觉和意识达到无比宁静的境界。这种无意识的境界并不是睡眠状态。当然禅的修行方法远不是这些，由于时间和语言的隔阂，作者本人许多也不能够读懂。

从自我认知、去除心理障碍、心理治疗完成，到真正的忏悔，到人格成长这是一套完整的心理治疗法，这里就暂且称之为禅宗心理治疗法。禅宗心理疗法比起任何现代的心理疗法，包括自由联想、森田疗法、行为疗法、人本主义疗法等都要高明。

心理治疗是关键不在于什么方法，什么技术。关键在于心理医生的爱心，在于以心治心，一个充满爱心的文盲比一个充满仇恨的心理学专家更有资格成为心理医生。

第七章　人格结构全景图

人格结构的平面图和剖面图

到目前为至，本书讨论的人格结构都是平面的。本书人格结构的三部分：真我、自我和情结处在一个平面，并且是平等的，没有上层与下层之分。

但事实是社会是立体的，社会结构也是立体的，人是立体，人格结构也是立体的，人格也有它的剖面图。

弗洛伊德的人格结构是分层的。超我在最上层，中间层是自我，下层是本我。弗洛伊德后，产生了很多的人格结构理论，这些理论都是正确的，由于理论的提出者自己情感发育的不同才产生了理论的不同。我最喜欢的人格结构分层理论是德国心理学家罗德克提出的人格结构分层，分为五层，分别为生命层、植物层、动物层、人格层和自我层。我把它加以变动和改进，用在本书中。

我认为最完整最合理的人格结构立体图如下：

人格结构平面图有真我、自我、情结三部分组成；人格结构剖面图有五层组成，最上层是社会层，第二层是个人层，第三层是动物层，第四层是植物层，最下层是生命层。

人格的境界

一个人的人格如果是完整的话，应该有五层，这是理想的人格，但遗憾的是，很多人的人格并没有五层，是不完整的。由于人格结构的完整度不同，人格是有境界的，也决定人是有境界的，人的思想层次是不同的。根据人格的完整度的不同，我把人格分为四个境界。每一个境界都对应一类人，下面简单谈一下这四类人。

社会人

这种人的人格五层是完整的，人格发育良好。这种人的人格是理想的，他们舍己为人，心有大爱，他们是圣人级别的。这种人最大的特征是不被人理解，但他却能理解包容别人，典型的“孤独求败”。

这种人的代表人物是唐僧。

个人主义者

这种人是个人主义者。他们能为自己负责，讲究公平交易，遵守伦理道德。认为人生重要就是张扬个性，活出精彩。我们大多数人都是这类人，是最为常见的人格境界。

这类人的代表人物是孙悟空，人人都爱孙悟空。

动物人

这种人的人格只有三层，行为和动物一样，只照顾自己的动物欲望的满足，自私自利，不尊重基本的法律规范和社会规范。这类人就是人们常说的披着人皮的狼，人中禽兽。这种罪犯居多，很多犯罪分子就是这样的人，尤其是杀人犯，人格基本上都是残缺的。

他们自身的情感发育不完整，导致缺乏对其他人的同情心。但是他们的智商很正常，甚至能从理智上利用别人的感情来为自己的私利服务。有不少的职业乞丐就很善于利用别人的感情来为自己服务，他们自己没有同情心，却能利用别人的同情心，这就是人类智力的了不起之处。

描写动物人最好的著作就是著名的《裸猿》一书。《裸猿》是英国著名动物学家、人类行为学家德斯蒙德·莫里斯的成名作，也是一部惊世骇俗的学术新著。作者把人类称为“裸猿”，并以动物学家的眼光，对人类基本行为的起源、模式和功能加以考察，从而揭示出人性中的动物性一面，同时又从这个角度对人类进化至今所面临的种种问题提出了独到的见解。开宗明义地告诉读者，人类就是没毛的猿——是动物。莫利斯在序言里写道：“现存的猴类和猿类共有193种。其中的192种身上遍布体毛。唯一例外的物种是一种全身裸露的猿类，他自诩为人类（Homosapiens）。这个物种无与伦比、成就卓绝，不惜花费大量的时间去考察他高雅的动机，与此同时却故意对自己的基本动机弃之不顾，或者不惜花费同样多的时间来掩饰这一点”。

动物人中坏的代表人物就是朱元璋和朱棣父子，好的代表人物就是猪八戒。

植物人

人既然能成为裸猿，当然也能成为裸树，这就是植物人。植物人人格结构只有二层，是人格最低境界。一般情况是，一个人受伤病以后，大脑受伤，上面三层人格受到伤害，就变成了植物人。这类人可以叫长着人形的树，或者长着人形的花。这种人坏的代表是《西游记》中的树精，引一段《西游记》如下：

他三人同师父看处，只见一座石崖，崖上有“木仙庵”三字。三藏道：“此间正是。”行者仔细观之，却原来是一株大桧树，一株老柏，一株老松，一株老竹。竹后有一株丹枫。再看崖那边，还有一株老杏，二株腊梅，二株丹桂。行者笑道：“你可曾看见妖怪？”八戒道：“不曾。”行者道：“你不知。就是这几株树木在此成精也。”八戒道：“哥哥怎得知成精者是树？”行者道：“十八公乃松树，孤直公乃柏树，凌空子乃桧树，拂云叟乃竹竿，赤身鬼乃枫树，杏仙即杏树，女童即丹桂、腊梅也。”八戒闻言，不论好歹，一顿钉钯，三五长嘴，连拱带筑，把两棵腊梅、丹桂、老杏、枫杨俱挥倒在地，果然那根下俱鲜血淋漓。三藏近前扯住道：“悟能，不可伤了他!他虽成了气候，却不曾伤我。我等找路去罢。”行者道：“师父不可惜他。恐日后成了大怪，害人不浅也。”那呆子索性一顿钯，将松、柏、桧、竹一齐皆筑倒，却才请师父上马，顺大路一齐西行。

植物人这类人中好的代表人物就是沙僧，沙僧的前身就是看门人，像树一样站在门前，是个树人。

《西游记》中的四个主人公恰好代表了四种人格境界，但这不是巧合，因为吴承恩本身就是伟大的心理学家，《西游记》本身就是伟大的心理学著作。《西游记》的故事安排就是一个正确的心理分析顺序，从外到里，层层剥离，一个完全的心理漫游记。吴承恩对人的心理学知识和心理学水平境界在弗洛伊德之上，只不过是他使用的语言不是现代科学语言罢了。

从人格成长的角度来看，人首先是要经过植物人阶段，从受精卵到胎动，人可以看做是个植物人。接下来是动物人阶段，这时候人追求动物欲望的满足，再下来就是个人主义者阶段，最后达到社会人最高阶段。人都是猴子变的，猴子是树变的，其实男人都是树变的，女人都是花变的。

第八章　禅宗与心理分析

心理学的顶峰

我一直认为心理学就是哲学，哲学的顶峰就是心理学的顶峰。《金刚经》、《坛经》、《圣经》、《古兰经》就是哲学的顶峰，也就是精神的顶峰。它们不可能被超越，我们现在人和未来人的所有的社会科学的努力就是向这四大经典的回归。建造统一心理学是许多心理学的梦想，但心理学早就统一于这四大经典，只是现代心理学家不知道罢了。

心理治疗的最好的办法就是读这四大经典，不停地读。心理学家的任务是追寻过去，解读经典。

人类的祖先在精神领域一直俯视着我们，而我们在物质领域一直在超越我们的祖先，这是一个奇特的对称，又一个让人惊叹的平衡。

禅宗与心理分析

对于禅宗心理学，我们在第一章已经进行了一些讨论，我们这里接着讨论。

在人类自我认识的历史上，真正彻底的心理学理论，就是中国佛教禅宗的人心理论。这一理论的集中表达就是《坛经》忏悔品中的四弘誓愿，它的内容是：“自心众生无边，誓愿度！自心烦恼无边，誓愿断！自性法门无尽，誓愿学！自性无上佛道，誓愿成！”六祖慧能接下来说道“善知识，所谓邪迷心，诳妄心，不善心，嫉妒心，恶毒心，如是等心，尽是众生”。

弗洛伊德提出了潜意识，本我，自我，超我的概念从而开创了现代西方的精神分析。潜意识以前我们讨论过，这里不再讨论。另外的三个概念用《坛经》的语言来说就是：“饮食男女之心是众生，名之本我；统合管理之心是众生，名之自我；求胜求名以照丹青之心是众生，名之超我。”《坛经》有这些句子是：“善知识，所谓邪迷心，诳妄心，不善心，嫉妒心，恶毒心，如是等心，尽是众生。”我们对比一下就能发现，他们所要表达的思想本质上是一样的。我们可以把这些思想高度概括成一个心理学定理：不同的欲望和冲动的后面必然有存在不同的人格实体，并且一一对应。

心理分析和《坛经》不一样地方是弗洛伊德把慧能的“心中的众生”分为本我、自我和超我三部分。那么这种分类是不是进步呢？不是，这种分类恰恰是一种退步，心理学的退步。弗洛伊德的概念相比慧能的理论缩小了心理学的范畴，把心埋学变狭窄了。弗洛伊德的精神分析只能说是狭义的精神分析，而慧能的则可称为广义的精神分析。现代精神分析理论在1400年前的唐朝人们都已经知道了，并用于心理治疗。

关于心理分析是禅宗心理学山寨版的另一个证据，读者可以参考弗洛姆和铃木大拙合著的《禅宗与精神分析》一书。

六祖慧能的心理学理论和心理治疗法，默默传递着高贵的人性的温暖，吞吐闪烁着伟大的理性的锋芒，这一理论成功地解释了现代人无法解释的精神分裂现象，对脑科学的发展有重大的理论的意义。但它又是屡被误解的，愚蠢的弗洛伊德蔑视禅宗心理学，美国医生刘易斯·托马斯说：“与其说坐禅有利于心灵，不如说更有利于血压。”弗洛姆还是好的，批评了弗洛伊德，称禅是来自东方的“珍贵的礼物”，但他仍然认为禅不如的他们的心理分析。东西方有文化和语言的隔阂，这种误解也算是情有可原吧，我们可以理解，也不必理会。但最不能理解的是中国现代的心理学家们对禅宗的冷漠，而去热衷于外国的半调子理论。拾弗洛伊德的牙慧，就敢自称是中国式的心理治疗法，敢自称是心理分析和中国实践相结合。中国人害抑郁症也与老外害抑郁症不一样吗？中国人的心理疾病也有中国特色吗？真是愧对列祖列宗！

弗洛伊德的精神分析理论没有新意也没有开创性，弗洛伊德因为介绍自己的理论写书而获得了诺贝尔文学奖，这其实是拜受古代印刷术不发达之赐。有了禅宗心理学，现代西方的心理分析是个不必要的存在物，弗洛伊德是贪天之功据为己有，浪得虚名。

心的传承

本书的心理学史观和现代的流行的心理学史观是完全相反的。现代心理学家都认为心理学刚刚开始，是一门正在进行中的学科，心理学是一门落后的科学。而本书则认为心理学早已经达到终点，没有继续研究的必要。

心理学是一门特殊的科学，心理学家水平的高低完全取决于他的爱心和修为，取决于他的情感和人格发育水平，而不是心理学知识的多少。心理学的传承是以心传心，有没有理论和有没有文字都不重要，重要的是要和前代心理学家心心相印。由于现代心理学家大部分有心理障碍和情感发育不良，就没有办法传承古代心理学成就。不仅仅如此，他们还经常贬低真正的心理学。这导致他们对心理学历史的错误认识。

第九章　人生需要修行

因为心即是身，身即是心，所以修行又叫修心，或者修身。修行很重要，为人生之根本。儒家所谓修身，齐家，治国，平天下，修身是排在第一重要的。

人来到这个世界上，是来做事的。既是是来为自己服务的，也是来为别人服务的。只有让自己像蜡烛一样地燃烧，才能不枉一生。然而做事是需要技能的，这就需要学习。现代人们热衷于学习种种技术，学英语，学驾驶等，但人们很少谈修行，人们已经把修行忘记了，其实修行是学习名种技术的基础。尤其是对那些学不好技术的人，做什么事都会以失败告终的人，修行就更重要了。技术的最高境界是心态，但有人心态好，有人心态差，心态差的就需要改变。好的心态不是天上来的，是个人努力修行得到的，所以人生需要修行。

现代人非常重视教育，其实对人生来说，修行比教育更重要。修行是在树人，而教育只是传授知识。只有修行才得到内心的平安和人生的真正幸福。

修行和科学

修行本来是宗教的事，是儒家的事和佛教的事，从根本来说修行是完全个人的事，原本是科学无关的，在没有科学之前，人们也一直在修行。

现在时代是科学的时代，科学正在淹没一切，谁反对科学谁就是反对这个时代。既然修行是人生之本，科学当然也要研究一番的。科学饮食，科学锻炼，当然也要科学修行，修行与科学就这样不期而遇了。

修行与科学相遇，就产生了心理学，心理学是关于修行的科学，心理学家本质上就是修行者。修行与科学的相遇是尴尬的相遇，心理学也就是一门是尴尬的科学，许多科学家甚至不认为心理学是一门科学。心理学因为流派众多而成了笑料，成了许多心理学家的心病，建立统一的心理学是他们的梦想，但我最喜欢的就是心理学的流派众多，我喜欢这种混乱。心理学是特殊的关于修行的科学，修行是个人的事，所以流派众多是正常的，只有一个或者两个流派反而不正常了。流派众多是因为修行的法门众多，这显示出了不同修行者的个性。在我看来，修行首先就要修炼两种能力，一种是自制力，一种爱的能力。

自制力

如果一个人不是天才，又想在这个世界上取得成功，那么对他而言最重要的素质就是自制力。控制，控制，还是控制，人类发展的历史就是一部人类控制能力提高的历史。人类先后控制了火，煤炭，炸药和原子能，现在正在努力控制太阳能，风能。人类控制了自身的生育能力后，才有了大量的闲暇时间来提高生活的质量。所谓文明国家和落后国家根本差距就是控制力的差距，文明国家是在法律控制下确定地运行，而落后国家则是在人治这种不确定控制下不安地运行着。足球的艺术就是控制的艺术，控球就是足球的本质。

人的精神成长是一生的事情，有证据表明，人到了八十岁，其大脑仍然在改变，也就是说人的自制力一直在提高，同一个人，年龄越大，自制力越高。大家都熟悉的孔子的名言，“吾十有五而志于学，三十而立，四十而不惑，五十而知天命，六十而耳顺，七十而从心所欲，不逾矩。”七十岁的孔子达到了自制力的最高境界，从心所欲不逾矩，心海与人海合二为一。一个人无力控制世界，但必须会控制自己，人必须为自己的行为负责。自制力来源于合理的人格结构，人格不断发展，自制力才能不断的提高。

人的自制力是很容易更丧失的，人很容易被外在的东西控制。有烟洒控，股市控，传销控，姐控，妹控，萝莉控，毒品控，金钱控，权力控等，对人来说，保持自性清静是很难的事。

自制力的不足造成了生命精力的极大浪费，自制力弱的人一生碌碌是大概率事件。有些人的一生就是失去控制的一生，典型的就是那些深陷赌博而无力自救的赌徒。这些成年人自制力差的根本原因就是人格结构没有发育完全，人的自我受到破坏，有缺陷的人格无法控制住澎湃的荷尔蒙，就像有缺陷的发动机控制不了燃烧的汽油一样。

自制力缺陷往往有两种原因

第一种是遗传的原因。自制力作为最重要的心理特征和人的身体特征一样也是可以遗传的，自制力有先天性的差异。我下面引用别人的文章，作者佚名。

对于那些被任性小孩搞得焦头烂额的父母来说，下面这个消息将让他们感到忧心。科学家称，不管成长背景和智商如何，如果一个孩子在三岁时表现出偏弱的自制力，那么他在三十二岁以前有金钱和健康问题，甚至犯罪记录的可能性会更高。

英国、美国和新西兰的研究人员分析了两项大型研究中的数据后得出以上结论。在这两项研究中，研究人员要求接受调查的孩子完成一系列体能测试和面谈，以评估影响他们生活的基因和环境因素。

科学家们发现，自制力弱的孩子在日后的生活中患高血压、肥胖、呼吸系统疾病和性传染病等健康问题的可能性更大。

这些孩子同时也更容易依赖烟酒和毒品等药物，更有可能成为单身父母。在金钱管理方面更容易出现问题、有犯罪记录的可能性也更大。

同时在伦敦国王学院和美国杜克大学任职的首席研究员特里莫菲特博士说："克制自己和抑制冲动是社会对孩子们的一些最早的要求。"

他接着说："我们的研究第一次发现，孩子们的意志力确实会影响到他们成年后的健康和财富。"

研究人员首先分析了约1000个于1972年4月到1973年3月间出生在新西兰的孩子们的资料。

参与者的自控能力由老师、父母、观察员和孩子自己作出评估。自控能力差的表现包括挫折容忍度低、实现目标时缺乏毅力、过分活跃，以及没想好就行动等。

后来，莫菲特博士的团队发现，当参与者到了三十出头时，这种易冲动的性格和做长远打算的能力的欠缺会给他们带来更多的金钱问题，包括存款、买房以及信用卡债务。

在自控方面得分较低的孩子在性传染病、体重问题、患高胆固醇和高血压方面的得分也最高。

事实确实如文章所说的，不幸的人之所以不幸全是因为命运。

缺乏自制力的另一个原因就是心理障碍，那些心理障碍患者丧失了自制力。

缺乏自制力表现在下面的几个方面，第一个缺乏自制力的表现是丧失了财务平衡能力。很多人没有财务平衡能力，做不到量入为出，挣扎于债务的泥潭。财务平衡能力是人生的基础能力之一。现代社会，金钱是成功的最重要的标准，有钱就是成功者，没钱就是失败者。要想赚到钱，财务平衡能力是必须的能力，现在的人生失败者根本原因就是没有财务平衡能力造成的。

第二个缺乏自制力的表现是无法控制自己的情绪。人的情绪是高低起伏，不断变化的，不停地在波动。把个人情绪的波动控制在一定的范围之内，是对一个自制力的基本要求，如果出格了，情绪就变成破坏自己人生和事业的利器，最终伤害的是自己。很多人情绪的反复无常，导致了事业的失败。

第三个缺乏自制力的表现是无法把自己的性欲望控制在社会规范之内。人人都是有性犯罪的欲望和念头，真正性犯罪和平常人区别就是正常人能控制自己性犯罪欲望，而犯罪分子则没有对自己的控制力。性欲望是人类最难控制欲望，没有一定自制力是不行的，尤其对女性，社会规范要求女性要有比男性强的控制力，做到自控不出格就更难了。女人的精神空间太小，所以女性心理障碍概率要高于男性。正因为很难控制性欲望，所以很多人就放任自流，也就是性解放动。

第四个缺乏自制力的表现是作秀的欲望。作秀的欲望是人本能，人人有权做秀，但要依次序来，轮流发言。缺乏自制力的往往没有等待的耐心，以至在派对上成了让人讨厌的人。

第五个缺乏自制力的表现是很多人无法控制自己的语言，成了话痨和大嘴。这种人很常见，原因很可能就是大脑控制语言的神经回路受伤，让语言功能处于失控状态。话痨、大嘴和肢体颤抖的内在病理可能一样。这是一种严重的影响个人社交能力的病症。

第六个缺乏自制力的表现是赌徒无法控制自己的贪欲和恐惧。华人在这方面尤其缺乏自制力，我认为这跟汉语有关系。汉语是很容易激发人们的幻觉的语言。

提高自制力很难，但我们没有必要绝望，我们不会束手就擒，修行能改变先天的不足，是提高自制力的最好办法。心理分析和坐禅会改变一个人的人格结构，提高一个人的自制力，改变一个人的性格，并能完全改变一个人。

爱的能力

爱是基督教对人类的最大的贡献，爱字是人类语言中最闪耀的词语。

爱首先是自爱，自己爱自己，接受自己，包容自己。爱其次是爱别人，爱所有与我们不相干的人，爱这个世界。

爱其次是爱他人，像爱自已一样地爱他人，包括你的敌人。老吾老以及人之老，幼吾幼以及人之幼，富吾富以及人之富。

爱是什么？爱是一种能力，没有爱的能力单有爱心是不行的。爱是合理的大脑神经结构和合理的人格结构！只有合理的建筑结构，才能给人们带来艺术上美的享受；只有合理的人格结构才能有高超的爱的艺术，爱的能力也就是人格魅力吧！爱心只有通过合理的人格结构，才能转化为爱的能力。

中国人爱自己，但很多人无法像爱自己一样爱他人，这就是中国人普遍的爱无能。英国人著名的哲学家罗素对中国人的性格有着深刻的洞察。罗素在书中写道：

到目前为止，我主要谈了中国人性格好的一面；但是中华民族如同世界上任何一个民族一样，也有其不好的一面。我不情愿谈及中国人性格上的弱点，因为我在与中国人交往中深深感受到中国人是这样的谦恭有礼，温和善良，宁愿说自己这些好的感受。但是，不论是出于对中国的真正友善，还是从尊重事实的角度来看，不承认中国人性格中的弱点是错误的。我只要求读者能记住，平心而论，我认为中华民族是我所遇见的世界上最优秀的民族之一。同时，我准备起草一份严肃的起诉书，控告任何一个欺侮中国的列强。在我快要离开中国之前，有一位著名的中国作家诚恳地要求我谈谈中国人性格的主要缺点。我以犹豫的心情谈了三点：贪心，懦弱，缺乏同情心。说起来很奇怪，这位作家非但不生气，反而承认我的批评公正中肯，并和我继续讨论可以对这些缺点进行医治的办法。这也生动地体现了中国知识分子的一种最大美德。

中国人的缺乏同情心，使每个西方人感到震惊。他们缺乏人道主义的冲动，而这种冲动促使西方用百分之一的精力，去安慰自己用百分之九十九的精力给他人造成的不幸。例如，我们一再禁止奥地利加入德国，阻止他们移民和获得工业原料，结果，除了一部分维也纳人愿意靠我们的救济行善而活下来以外，许多人都饿死了。中国人没有花精力去饿死维也纳人，也不会仁慈行善，让一些维也纳人活下去。当我在中国的时候，几百万人死于饥荒；有的人为了几块钱将自己的孩子出卖当奴隶，如果得不到这样一笔钱，他们甚至会杀死这些孩子。救济饥民这种行善事业，许多都是白种人在那里干，极少有中国人所为。即便有极少的救济金也被贪官污吏所吞噬，当然，也可以这样说，西方人之所以这样做，与其说是帮助中国人，倒不如说是出于安抚自己的良心。只要中国目前的生育率和农业生产方式依然如故，发生饥荒将是不可避免的。那些在这一次饥荒中靠别人的慈善救济幸存下来的人，也许在下一次饥荒中很难逃生。

中国只要改进农业生产技术，同时结合移民和大规模的控制生育，是可以永远消除饥荒的。中国的有识之士认识到了这一点。因而他们采用不同于白人靠单纯救济的方法去拯救饥民。大多数中国人对自己缺乏同情心都有一种同样的解释，并且对许多有关问题的看法是趋向一致的。但这里仍然有一个问题无法理解。如果一条狗被汽车严重碾伤，十有八九过路的中国人会停下来对这条可怜的狗的痛嚎感到好笑，并以此取乐。看到痛苦本身并不会引起一般中国人多少同情心。事实上，他们好像看到别人痛苦还感到很惬意开心。从中国历史以及1911年以前刑事法典来看，中国人决不是没有残忍行为的心理冲动，但我本人并未遇见这种情况。有一点必须指出，所有的西方列强都是残忍行为的实践者，只不过我们西方人用伪善部分地掩盖了我们的残忍行为。

懦弱，是中国人的令人一看便知的一个缺点。但是，我并不相信他们真的就缺乏勇气，贪生怕死。在战场上两军相战，双方都想逃离战扬，胜利就属于首先发现对方溃退的一方。但是这只能说明中国士兵是明智的人。因为没有什么重大的冲突，军队也纯粹是由雇佣兵组成。当势态严重时，例如，“太平天国起义”，据说中国人打得非常勇猛顽强，特别是他们在有良帅骁将时更是如此。然而，我认为与英国人、法国人和德国人相比，中国人可算不是勇敢的人民，在许多情况下他们只知消极地忍耐。中国人的忍耐精神是少有的。中国人会为了在许多好战的民族的人看来全无必要的动机，如只是为了不肯说出别人隐匿被盗物的地方而忍受折磨，甚至死亡。尽管比较起来他们缺乏战斗的勇气，但他们一点也不比我们西方人更怕死，他们随时准备承担自杀的义务就是一个明证。

贪心，我以为是中国人最大缺点。生活艰苦，很难挣钱，为了得到金钱，除了极少数受过良好教育的人外，许多人会贪污犯罪。仅仅为了几分钱，几乎所有苦力阶层的人都会甘受一次死的危险。中国与日本打仗陷入困境，主要是因为大多数的中国政治家根本不能抵制日本人的贿赂。我认为这种贪婪的缺点可能是根源于经济条件。也许多少年代以来，品行廉洁的人在生活中吃亏了，得不到所需要的钱。只有当经济条件改善了，这种贪婪的情况才会减少。我不相信今日中国的贪污腐败要比欧洲18世纪的情形还要糟。我从没听说过中国的将军比乌尔伯勒公爵更腐败，也没有听说中国的政治家比卡迪纳尔·杜布瓦贪污受贿更甚。因此，随着中国工业化的进程，中国人完全有希望变得像我们西方人那样的诚实。当然至少西方人实际上如何廉洁，只有我们自己知道。

罗素期待随着经济的发展，中国人能改变性格。我们今天看到情况和罗素的期待有很长的距离，经济发展了，但中国人的性格并没有多大的改变。

这种缺少关爱别人的能力，往大处说就是中国人没有公共意识。

史密斯在1890年写的《中国人的性格》一书第十三章讲述中国人“缺乏公心”。他拿道路举例子。乡下农民他在道路两旁扩展沟渠和田埂，使道路越来越狭窄，交通也更为困难。车夫在马路中间装卸货物，过往的人只能等到他干完活才能通过。农夫砍树，他会把树横倒在路上，过往的人只能等到他把树砍断、搬开为止。城里人呢，北京宽阔的街道两旁排满了各种货摊，这些地方本不是摆摊之处，如果皇帝经过那里，这些货摊都会很快搬走，皇帝一走，又都回到原处，阻塞交通。

道路在西方人看来是典型的公共设施，当他看到中国老百姓如此对待公共设施，自然得出中国人缺少公心的结论。同时他也看到中国的政府官员同样缺少公心，对道路这样的公共设施不注意管理和维护，严重失职。最后，他又说并不是所有的中国人都缺少公心，还有领头造反的志士仁人，为了大众的利益，甚至献出自己宝贵的生命。老百姓对待公共设施缺乏公心的表现，其实也不是中国人特有的。看一看狄更斯时代的英国伦敦贫民区，同样可以得出相同的结论。当然还是这个道理，西方人不能做到的，不能成为中国人不去做的理由。公共意识的缺乏，的确依然是当今中国人的一个问题。今天你在西欧的道路两边绝不可能找到“光缆不含铜，偷盗要判刑！”之类的标语。如果史密斯活到今天，我相信他会把有的中国人为了卖铜，盗窃电缆的事情写进去。

中国人是一盘散沙，这是中国人难得的一个对自己的共识。我再加一句就是日本人是土，美国人也是土。我们需要用心理学来改良土壤，假以时日，中国人也会变成土壤的。

发挥你的潜能

心理学是殊途同归的，心理学的目的都是一样，就是保持心理健康，打造完美人格，发挥人的潜能。

每一人都是蕴藏巨大能量的宝库，但可惜的是很多人无法完全发挥自己的潜能，因为这些潜能的发挥要很多的条件。要想发挥人的能力，最重要的一点就是精神健康。只有合理的人格结构才能发挥人的潜能，不合理的人格结构只能造成精力和生命的浪费。其实国家又何尝不是如此，我们中华民族，不是到现在还在沉睡吗？我们国家的潜能远远没有得到发挥。

人的潜能必将发挥。人之所以是人，就因为人是自由的，他能创新，能开拓，能研究，能发现，能解决。人的潜能一旦得不到发挥必将转换成破坏能力，不是开拓创造，就是毁灭破坏，人没有第三条路可走。

阻碍潜能发挥的最大力量是人的占有欲。对权力的占有，企图万世而为君，对金钱和名声的占有等，许多人的潜能将在占有中消耗掉。

当一个人潜能发挥时，他将体会生命的巨大欢乐。生命的意义就在于此。歌德的《浮士德》精妙地描述了这一切。

我为几百万人开拓出疆土；
虽然还不安全，但也可自由勤苦。
原野十分青翠，土壤一片膏腴，
人畜都在这新地上得到安居，
勇敢勤勉的人民垒成了那座高丘，
向那周围移植都可以衣食无忧。
外面虽有海涛不断地冲击堤岸，
而内面却安居乐业如同天堂一般，
即使海潮啮岸，堤有溃的危险。
人民全体合力，立即把漏穴补完。
是的！我完全献身于这种意趣，
这无疑是智慧的最后断案；
“要每天每日去开拓生活和自由，
然后才能够作自由与生活的享受。”
所以在这儿要有环绕着的危险，
以便幼者壮者——都过活着有为之年，
我愿意看见这样熙熙攘攘的人群，
在自由的土地上住着自由的国民。
我要呼唤对于这样的刹那……
“你真美呀，请停留一下！”
我在地上的日子会有痕迹遗留，
它将不致永远成为乌有。——
我在这样洪福的预感之中，
在将这最高的一刹那享受。

第十章　社会心理学

社会心理学

个体即群体，群体即个体，人心是个社会，反过来说，社会也可以看做是个人放大形式。美国医生托马斯·刘易斯在他的《细胞生命的礼赞》一书中，用生动的笔触表达了这一观点，在医生的眼里，细胞是一个生命，蚂蚁群体也是一个生命，至于地球和生存在它上面的全部生命只不过是一个细胞的简单放大和复制品而已。

社会有多种形式，从广义来说，部落、民族、国家，甚至一个公司都可以看作是社会，和人心最相似的社会是单一民族组成的国家。由于这不是一本严肃的学术著作，所以在讨论问题时，并不对民族、国家作刻意的区分，对单一民族组成的国家例如日本、穆斯林国家来说，民族也就是国家，民族心理也是国家心理，即使在多民族的国家中，民族之间的交流和融合在不断加强，民族之间的文化差异也在缩小，譬如把我国和美国（中华民族和美利坚民族）等都能当做一个单一民族的国家来进行讨论，对于那些民族矛盾尖锐的国家（也有的民族内部就根本不团结）来说，民族心理也可以看作是国家心理，只不过民族和国家同时都成了病态的或国格分裂吧！下面以国家和民族为例，来讨论社会和个人同时拥有的特征。国家和民族是个人的复制品，它们作为一整体时，具有个人的一切特征。

国家是行动的主体，国家是个行动者，国家的行动意向就是国家的意志。当人们说：“中国在抗击‘非典’”，“中国要举办奥运会”，“中国在奔小康”，“中国要做一个负责任的大国”时，指就是一个国家，一个单独的国家主体在行动，我们在此时是一整体，我们不分彼此。国家和人一样有自己的意志力，法律体现的就是国家的意志。人过河要摸着石头，国家过河也要摸着石头。马斯洛的基本需求论不仅仅可以用来研究个人的行为，也可以用来研究国家的行为。

国家是思考和认识的主体。社会就像是一个分布式的电脑网络处理系统，各个主机的共同思考、共同工作产生了语言，美国学者库克是这样描述国家的主体是社会的。

国家是信仰的主体，国家是个信仰者。每一个国家都有自己的国家信仰，我国现在的国家信仰是共产主义，我国封建专制时代国家信仰是儒教，有些朝代的国家信仰是佛教，东南亚国家的国家信仰一直是佛教，在西方，基督教一直扮演者国家信仰的角色。不同的信仰为不同的国家提供不同的人文关怀，国教的教主往往有很高的地位，现在的伊朗是个神教合一的国家，教主本身就是国家的领导者。个人的信仰是他的人格结构的产物，深深植根于每一个人的性格，信仰是性格外化，对于国家也如此，国家信仰与国家的社会制度也是严格对应的，每一个国家信仰都与他的社会结构(指社会制度)相谐和。我国信仰的共产主义决定了我国只能采用社会主义制度，采用广大人民当家作主的真正的民主政治制度，而不是资产阶级的虚伪民主。这种信仰和制度的相关性，人有人的性格，国家具有国家性格，每一国家的性格都与它的社会结构有深刻的联系。钱钟书也总结过这一现象，在开明的社会中，政主多信仰人性本善，相信自己的老百姓，在一个专制的社会中，政主则信仰人性本恶，对自己的老百姓严加管制，不相信老百姓。

由于个人与社会本质上是一致的，所以那些用来研究个人心理的科学也可以用来研究社会，分析社会；社会学的方法同时也能用于研究心理学。社会学家马克思、库恩等也可以看作是心理学家，而心理学家弗洛伊德、弗洛姆等也可以看作是社会学家。虽然马克思的国家学说是现代为止最为完整的国家理论，但放大后的心理分析学对国家的研究也有帮助。弗洛姆对马克思和弗洛伊德思想的结合进行了成功尝试。孙依依在弗洛姆《为自己的人》中译本序言中，认为理解弗洛姆要从广义和狭义两个方面来进行：

以上广义和狭义两个方面，在弗洛姆的“人道主义伦理学“中，是紧密不可分割的一方面，他的社会批判主要是以心理分析学为武器的，从而与马尔库塞等人一起奠定了法兰克福学派的一个基本特点：以心理批判、心理革命来补充、扩大社会批判和社会革命，亦即以弗洛伊德的理论来补充，修正马克思的理论。另一方面他也恰恰又是从社会批判的立场出发，批判地弗洛伊德的心理分析理论，强调“理解个体的无意识必须地 分析他那个社会为前提”，从而把个体心理学改造一种社会心理学，因为在弗洛姆看来个体心理学从根本上就是社会心理学。

弗洛姆曾说，他一生的目标就是在马克思和弗洛伊德之间达到某种综合和互补，为此他一生进行了大量的论述，并取得了杰出的成绩，然而遗憾的是他并没有完成他的使命。弗洛姆说过他尽可能地寻找关于佛教的译书，以了解佛教，但由于东西方文化交流的限制，他不知道这一综合就在六祖慧能那里，六祖慧能彻底的：“心中众生无数”，就是马克思和弗洛伊德的平衡点，也帮助他走出自己的最终的理论困境。

个体心理分析学主要研究和考察的是人心中的无意识和非理性冲动，社会心理学的主要研究对象就是一个民族正面的精神和气质，以及反面的存在于社会和民族精神中的无意识和非理性的冲动。

国家的精神就像人的精神，有好的一面，也有坏的一面。勤劳、勇敢、节俭、善良也许是一个民族的正面形象，但实际上，每一个民族都有丑恶的一面，这种阴暗面也可以像美德一样传递，爱和仇恨同时流在一个民族的血液里，严肃和放纵是一个民族的两个面孔，恐惧是许多民族的精神核心，而他们却张牙舞爪地要侵略别人。现代社会是爱国主义的会，爱国有理，只要提起自己的祖国，那就全是优点的化身和美德的集合，在对待祖国问题上，没有道理可讲。现在的国家往往有大量的金钱，很小的心眼，它甚至没有个人心胸宽广。作为一个生命，它太没有宽容精神了，只许说好，不许说坏，人们都在神化自己的国家，即是对自己国家最善意的批评，也会被贴上卖国贼的标签。说一个人十全十美，没有人会同意你的观点，但说自己的国家完美无暇，却没有人会反驳你。由于普遍的迟钝文过饰非和懦弱，人们总是掩盖国家和民族的阴暗面，或根本就否认阴暗面的存在。只有真正会爱的人和真正爱国的人才能正视自己民族的缺点，从而变缺点为优点。

这种不敢正视现实，导致了人们对自己的国家处于一种普遍的无知状态，人们根本就不了解自己的国家，就像他们根本就不了解自己，否则也不会前倾、后倾、“左”倾、右倾个没完没了，也不会天天交学费了。社会心理学就是要找出问题来，用事实让那些极端民族主义者哑口无言。当然单单说服这些不幸的笨蛋们，也没多大的用处，关键是社会心理学能让一个民族或国家更加清楚了解自己的民族或国家精神，消除本国文化中的负面因素，从而让一个民族或国家走向振兴之路。希腊神庙上写着“认识你自己”，社会心理学书籍的封皮上应该写着“认识你们的民族”。

社会心理分析学是一门危险的学问，因为它的目的是改善一个民族的精神，这是真正的改善，所以批判是它的唯一态度。它不是去赞扬一个民族，它得不到喝彩，得不到金钱的支持，它得到只能是极端民族主义者的子弹。

人格结构和社会结构

在生命的不同层次之间，生命以相同的结构复制着自己。人格结构和社会结构是人类理性能力的产物和表现，是人类理性之树的上同一果实，或者说，是人类理性的工匠制造的同一张桌子上的左右两个抽屉。虽然相对来说，社会结构比较松散，但人格结构和社会结构并没有本质上的区别。人格结构是社会结构的复制，反之亦然。

社会结构和人格结构相互影响的，相互作用的。这种相互影响和作用是通过信仰来进行，信仰是联系社会结构和性格结构的纽带，这是一个双向的互动的过程。在《情结》一章中，我们讨论了信仰与人格结构的一一对应关系，在本章中的前面，我们讨论了社会结构与信仰的一一对应关系。这种对应关系是静态的对应，下面是动态的对应，社会通过信仰来塑造人格结构，而人则通过信仰来改变社会结构。

社会通过信仰来塑造人格结构。人的成长本质上是一个社会化的过程，社会通过文化和集体信仰的方式，来完成了人格的塑造。社会既能使一个人发展成为和他的潜能相符合的人，也能扼杀一个人，使他扭曲为一个精神病。鲁迅的《狂人日记》以逼真的手法，再现了封建专制对人性的扼杀的心理过程，到处都是人肉筵席，人相食，但人已经被改造的适应了这个制度，他们相信这一切都是合理的，觉醒者则是一个疯子了。心理学家自有自己的角度，人们的麻木，是因为个人的人格结构和封建专制的社会结构相重合了，每个人都自动成了封建专制的帮凶，人已经被塑造了。弗洛姆在《逃避自由》一书中，描述了社会结构对人格结构的作用。

“一个个人是否健康，主要不是这个个人的问题，而是取决于其所在的社会的结构。一个建康的社会可以增进这个人爱其他的同胞，创造性地工作、培养理智和客观性并拥有一种自我的意识，而这种意识是建立在生产能力的基础之上的。一个不健康的社会则是制造互相敌对和不信任，这种情形使人变成了一种可加以利用来剥削他人的工具，结果便使这个人失掉了自我意识，要不是因为他受制于其他人，他早就变成一部自动机了。”

如果这些理论理解起来有难度的话，就还用心海和人海来理解。如果一个人处于一群疯子中，他不可能会清醒的，如果人海是热浪，心海也不可能是一池春水。在足球看台上和名星演唱会上，你的情绪不可能不受感染。

另一个过程就是，人的性格结构也同样影响着社会结构，不仅仅社会塑造人，人也同样塑造社会。人是社会关系的总和，社会也是人的总和，人和社会的关系是互相塑造的动态过程。人的性格结构必然形成人的信仰，信仰驱使人们去行动，去创造一个理想的社会。信仰是一个人的基本态度，是渗透在他全部体验中的性格特性，信仰能使人毫无幻想地面对现实，并依靠信仰而生活。人们通过信仰完成了人格的复制，把个人的人格社会化，从而完成了自我的扩展。我国社会主义制度的建立就是先有共产主义信仰，而后通过信仰建立社会主义制度的典型例子；美国的自由与民主信仰植根于华盛顿及其美国的开国者们的性格结构中，这些国父们又按照他们的信仰建立了美国的政治制度。

通过上面的讨论，能得出以下的结论。如果有神经科学家能用特殊的仪器对华盛顿的大脑进行分析放大，他必然得到一个美国，华盛顿的人格结构和美国的社会结构是重合的；希特勒他用怪异的天才把变态的信仰变成一个现实，纳粹制度不是空穴来风，而是希特勒人格结构的最佳放大照，完全可以说是希特勒的父母发动了第二次世界大战：印度社会制度是圣雄甘地的人格结构的放大照；世外桃源的社会结构是陶渊明的人格结构的放大，当然反向缩小了也成立。

人际关系的奥秘

不通世务的张爱玲曾经说过："国际关系实在就像老妈子吵架。"张爱玲毕竟有张爱玲的洞察力，心明如镜。由于人心可以比作一个国家，所以人际关系也就是国际关系，国际关系专家也就是人际关系专家，而人际关系搞得好的人，就具备了成为一个出色外交家的前提。人的指挥机关大脑是个开放的、可变的网络结构，人心是什么？一张开放的可变的网，而社会也是一张开放的可变的网，有亲属网、亲戚网、朋友网、老乡网、权力网等各种各样的关系网，现在又多了个"网友"网，人死后，还有恢恢天网。我们本人就是一张张网，还被困在网中央。人际关系的奥秘就在于网与网的相连，网与网相通，要想搞人际关系就要把网与网纺织在一起，就像女同志的打毛衣。现在不是流行与国际接轨吗？国际接轨就是让中国社会这张大网和国际社会那张大网结构一致，网络出口都变成八车道，从而实现无缝对接，走所谓的国际化道路。

人心中社会这张网是开放的，只要人与人对接得好，网与网连接得好，多个人就能变成一个人，称为桃园三结义、梁山水泊一百单八好汉，或令一个人想念的“我们仨”。网与网连接的方式就是人们日常接触方式，这种方式有说话，注视，试颜色，手握手、拥抱、亲吻与性，等等。从本质上而言，这些方式和大脑左右两个半球的通信方式并没有区别，传递的都是信号，接收的也都是信号！用电话聊天，和网络聊天结果都一样，都能谈恋爱。神秘的大脑据说是天使的圣殿，但天使的圣殿也是用人间的砖石建造的，连接左右两个大脑半球的胼胝体中流动也是普通的信号，这种信号不会比握手传递的信号更复杂。所以说，内社会和外社会根本都是一样的，有的人的手脚可能不听自己大脑的指挥，放弃自己的自主意志，而能听从别人大脑的指挥。打一个不太形象的比喻，个人与社会的关系就像个人大脑左右两个半球的关系。只要一个人的左脑和右脑能搞好关系，这个人就能搞好与其他人的关系，反之一个人只要搞不好人际关系，他的左右大脑半球也搞不好关系，他必定是人格分裂的，内社会也是分裂的。

我们还是用心理学的术语来讨论这个问题，人际关系问题只是人格结构与社会结构问题的延续。个人的人格结构只有和社会结构相和谐，或比乱糟糟的外社会更和谐，此人才能成功适应社会。如果人们所处的社会是个成熟的民主的市场经济社会，而你个人还像金庸笔下的老顽童周伯通等人一样幼稚，人格发育处于原始童年期，显然不会有人尊重你，把你当“人”看。处理人际关系是个自动进行的无意识的过程，这个过程和胃消化食物差不多，刻意而为情况有，但那不是正常的人与人的关系，而往往是有计划的犯罪活动。要想自动地不需要操心就能搞好人际关系，必需有内在的良好人格结构，心理能量能通过合理的人格结构而得以流动，从而恰到好处地处理人与人之间的各种事情。人际关系就是自己与自己关系的外化，人际关系反映了个人的心理健康程度。

对于人际关系有流传很广的错误看法，处理人际关系就是“斗心眼和圆滑”。斗心眼派的代表作有《厚黑学》，大意是做人要脸皮厚，心眼黑：圆滑派的代表作有《老狐狸经》，大意是像狐狸一样狡猾，只为自己的利益着想。要想斗心眼必须有歪心眼，否则就没有办法钩心斗角。人天生应该是纯洁而又善良、只有一个善良的直来直去的心眼，歪心眼就是被恐惧压歪的心眼。心眼多是人格分裂患者的基本症状，表明在此人心中，不同的声音太多，内心世界过于混乱。一心想和别人斗心眼的人，他的大脑两个半球也一定在斗个不停，子曰：“吾恐季孙之忧不在颛臾，而在萧墙之内也。”斗心眼哲学的支持者就是人格分裂患者，应该去看心理医生，人越斗心眼人格越分裂。圆滑是一种下流的人生哲学，圆滑哲学既害人又害己。圆滑的本质是冷漠加虐待，对什么事和什么人都不付出感情，像球一样一滑而过。圆滑将造成个人情感的萎缩，情感萎缩带来生命力的萎缩，先害了自己。圆滑比个人主义还不如，真正的个人主义者，就像张爱玲，冷漠但自己养活自己，有水晶般世外桃源式的独立自主，圆滑者冷漠却不独立，一心想的就是怎样不付出任何代价就能讨取周围所有人的欢心，从中捞取便宜。圆滑者是虐待者，一种低声下气的偷偷摸摸的猎取和投机取巧。所有的圆滑者本质上都是一个小偷，所有的小偷基本上都是圆滑哲学信仰者。心理统计学家们可以统计一下这一结论，统计一下小偷们的人生态度。

正常的每个人都能处理好人际关系，处理不好人际关系的人都是心理障碍患者，都需要分析治疗。这话对某些人来说，可能不好听。这些人在处理不好人际关系之外，还有自己的理论：“本人性格内向，不会处世，没办法，就这个性，爹妈生的。”由于人神经网络的开放性，决定了人都是天生性格外向的，没有“天生内向”可能。性格外向可以说是神经系统的生理需要，就像性是人的生理需要一样，寂寞和无性生活都能让人走向半疯狂。人是社会动物，是社会关系的总和，这一本质规定性，决定了人只有外向才有生存的可能性，只有在社会中人才是人，绝对的个人主义者什么都不是。性格内向是后天不良的环境造成的，只要认真进行分析就可以得到改变。

单纯讨论人格结构，认为只要有个好性格就万事大吉，这有点心理学书生纸上谈兵的味道。个人在社会中能不能受到尊重，能不能朋友多，关键还是要看实力，俗话说得好，“穷居闹市没人问，富居深山有远亲”。有好的性格，还要有力量，才能真正搞好人际关系，但有了好的性格，你最终会得到权力、金钱等等力量的，面包会有的，一切都会有的。

国家的自大

骄傲自大的人多的是，骄傲自大的民族和国家也不鲜见，人称“夜郎自大”。

个人最常见的自大是认为自己最聪明，一句名言说“失败者总认为自己是不幸的，却不会认为自己是愚蠢的”。民族最常见的自大也是认为自己的民族聪明。韩国人认为自己是世界上最聪明的民族，犹太人也认为自己的民族最聪明，世界各民族都认为自己最聪明，中国人的聪明更是十三亿人公认的，不，是世界六十亿人公认的，我们发明东西的速度总比西方人例如美国人快好几倍，没有华人学者和科学家，美国科学界就玩完。犹太人一方面认为自己聪明，一方面又愚蠢地认为战争能带来和平；中国人一方面认为自己最聪明，一方面又崇洋媚外，如此矛盾的情况同时存在于一个民族的心理中或一个人的心中而不自知，实在令人震惊和骇异。

另一个常见的自大是“我们的民族就住在世界的中心，我们的文化最正统”，这种“世界中心论”和“文化中心论”在各民族的历史中都能找到，中国古人从来就认为别人是“蛮夷住在蛮荒之地”、“化外之人住化外之乡”。不过现在，有知识的人不再认为“我们的民族就住在世界的中心”了，几十年的教育好不容易让他们认识到世界原来没有中心，但是大家有理由相信，各式各样明的暗的“文化中心论”、“人是大自然的主人论”仍然会坚持到猴年马月。德国的哲学家群体相信只有德语适合做哲学研究，法语和汉语等只能把哲学弄走形或不配研究哲学，从黑格尔到伽达默尔，看不起东方哲学是普遍的现象。然而令这些哲学老爷们不快的是，哲学与语言无关，哲学属于生命和欢乐。

民族的自傲、自卑、保守和疯狂，是非常显眼的，稍微不书呆子的历史学者、文学家、各路写杂文的神仙们都能识破，所以研究国家的病态，不必自己学习历史费事，材料非常多。台湾的历史学家、中国五百年来白话文第一人李敖，就总结出了许多这方面例子。本章将一一引用，这不叫剽窃，这是“站在李敖肩上或骑在李敖的脖子上”，更重要的是李敖的文章适合做普通人的精神食粮，快意恩仇、千里一泻，阅读时能得到一种肉体的快感。李敖是这样写台湾的自大的：

不过话又说回来了，国民党未尝不有“麦格隆满尼王”的气派，这个党失国以后，犹能在台湾表演“台湾自大”，岂不正是王者之风吗？一九六五年十一月十五日的党营刊物“中国一周”上，图文并茂的宣传“以台湾为中心之全球形势”，可见在国民党眼中，“万国衣冠拜台湾”不是盖的。国民党本是以大陆为着眼点，退守台湾后，竟堕落到以只占大陆面积二百六十六分之一的小岛为着眼点了，其身罹“夜郎症”可以概见。

上面说的自大还可以理解，谁没个缺点呀！但自大成狂就不应该了，偏偏这事就有，还是集体成狂。最典型的也是大家熟悉的纳粹、日本军国主义者以及他的后代们。纳粹歧视犹太人，日本军国主义者歧视中国人的：“你们支那已经是劣等民族”、“东洋人”、“东亚病夫”、“中国人有犯罪基因”、“你们支那需要大日本帝国的拯救”等都是人们耳熟能详的历史常识。这种自大的后遗症就是李敖所写的：

“二次世界大战期间，美国国防当局，邀请人类学家班尼迪研究日本，她写下《菊花与剑：日本文化的模型》一书，认为日本人有高雅如菊花、残暴如剑的两面性格。日本残暴倒是真的，但高雅却从何说起？高雅需要大智慧，日本人太笨了，日本人老是全国上下一心，勤勤恳恳，大家努力做笨事。吃原子弹以前，他们耀武扬威不识大体，笨事主题是‘军事侵略’；吃原子弹以后，他们灰头土脸地爬起来，笨事的主题改成‘经济侵略’，还是不识大体，不顾国际贸易的平衡，老占别的国家的便宜，使人积恨。”

日本人并没有接受教训，自大和无知仍在进行，二〇〇三年九月十八日，中国的国耻日，在珠海国际会议中心，来了三百多人的日本嫖娼团，要求挂国旗嫖娼，嫖娼团的成员声称：“就是来玩中国小姐的。”这事也曾经在韩国发生过，日本人把嫖娼韩国小姐的录像带在韩国地下发行，搞得韩国人大怒。对任何一个正常的人来说，嫖娼就是一种交易，但对这些日本人来说，嫖娼是一种象征，象征着对中国和韩国的征服和侮辱，是想在精神上延续“九一八”后日本人对中国的侵略。愚蠢和可笑的自大！军国主义者的后裔们太需要证明自己了，靠侮辱别人来证明自己的“伟大”。

国家的自卑

国家和民族的自卑是一种普遍的现象，只不过是多数国家和人一样懦弱没有承认缺点的勇气罢了。下面听听李敖介绍日本军国主义者是怎样自卑与自虐的。

自杀，对日本来说，是武士道行为。一般人了解武士道，大多被他的浪漫与壮烈所吸引，而忽略它的传统。大家都看到日本武士切腹，切得那样浪漫，那样壮烈，只惊叹他们的从容，而忘了这种信仰，实际踩在一种先天不足的基础上。日本武士的信仰来自封建制度下的一姓打手信仰，武士道的先天只是一种“走狗道”、“保镖道”。它一开始是制度化的，年深月久，转为道德化。但是，无论怎样转，它的先天还是不脱愚忠与打架，找个不识大体的题目，“仇讨”别人，“切腹”自己。仇讨也好，切腹也罢，目的都是一条，轰轰烈烈的奴才，“为主家”。

如果日本人只有武士道，倒也好办。武士道比较糊涂，不喜欢打小算盘，不会计算，虽然性好闹事，可是闹不大，还没大危险。但当武士道跟另一种“町人道”合流的时候，麻烦就来了！

“町人”就是日本商人。现在日本商人住在郊区别墅，以前却没这样神气，以前都住街上，住特区里，所以叫做“町人”以前日本町人，和中国古代商人一样，没有社会地位，町人要靠谄媚武士来做生意，所以他的地位正像石秀所骂的，是给奴才做奴才的奴才，这种人好计算而短视，性格最下三烂，所以被称为“町人根性”。

武士道加上町人道，就是日本性格变得畸形，武士道使人过分趾高气扬；町人过分奴颜婢膝。前者强人对他鞠一百八十度大躬；后者对人鞠躬一百八十度，总之，不大鞠特鞠是没完的，但大鞠特鞠，哪里是平等的与人“相处道”？

中华民族是世界上最伟大的民族之一，勤劳、勇敢、坚强、善良是中华民族的传统美德，宽容得像弥勒佛更是中华民族独一无二的品格。所有的宗教包括佛教、基督教、伊斯兰教等均能在这块美丽的土地上和平共处，不要战争赔偿，以德报怨也只有中华民族做得到。但这并不意味着，我们的民族就没有缺点，如果说我们只有美德，也不符合辩证法。当把中华民族当做一个单个人来进行讨论时，就会发现历史的深处，有一种自卑情结在折磨着这个伟大的民族，明显的例子就是自虐式缠脚。

无论人们持什么样的高论，女人缠脚和男人留头发是典型的自己虐待自己，是一种全民族性的自虐。到了现代，缠脚虽然在西方文化的侵略下被作为缺点扔进了历史的垃圾堆，头发也被革命党给剪了，但在缠脚和辫子后面所隐藏的虐待倾向并没有稍减。八十年代，改革开放后，这种集体自虐流变外化成一种崇洋媚外，中国的月亮没有外国的圆，不顾实际地往外国跑，送没有成年的孩子到外国去学习。外国的好处说不完，中国的坏处说不完。美国和欧洲是中国人的梦想和天堂。在文化界，中国文化劣等论甚器尘上，台湾有个叫柏杨的人写了一本《丑陋的中国人》，把中国人说的一无是处，自己贬低自己，比日本人骂中国人为东亚病夫还狠毒。我就不信洋人的品德就比中国人高了。洋人中懒惰者、虚伪者、无耻者、红眼病患者、狂妄无知者一点也不比中国人少。在你我的周围，品德高尚的中国人多得是，有世界级道德水准的人多得是，如果说中国人丑陋，那么世界上的所有民族都丑陋！

国家的疯狂

人心中有心理冲突，国家则有内战；人有虐待狂，有的民族在某一时期则是民族战争狂。我国解放前，军阀混战，百鬼狰狞；美国有南北战争；法国有法兰西内战；俄罗斯有车臣问题；英国有北爱尔兰问题，这些战争给所在的国家带来了巨大的创伤。这是一些上升到战争的明的冲突，还有暗的冲突，加拿大说英语与说法语的冲突，我国人民与各种各样邪教的冲突，日本军国主义者与爱好和平的、正义的人民冲突。当一个国家它的邪恶力量长期占上风时，我们就称它为病态的国家，或国家心理障碍。

在这种情况下，整个国家发了疯，人民在政党和政客的怂恿下，在民族自大狂的压力下，整个民族都处于紧张状态。战争是人类最悲惨和无奈的现象，战争中没有胜利者，交战双方都付出了极大的生命代价，母亲失去了儿子，孩子则失去了父亲。但战争双方仍能分为正义理性的一方和非正义非理性的一方。非正义非理性的一方在战争中，不仅仅有他的掠夺土地，掠夺资源，贪图财物的一面，转嫁国内经济发展矛盾的非正义的一面，也有它的民族心理，民族性格中的自大或自虐的非理性的一面。当民族之间和民族内部的完全非理性的争端和战争出现时，人们总是认为这是偶然事件，或是某一届政府的过错，或是一个大独裁者的野心，为了争夺土地等现实原因。却没有认识到这种非理性的争端和战争是能在其民族精神中找到全部或部分原因的。

这里讨论一下某些自大狂的民族发疯的过程。还以日本军国主义和德国纳粹为对象进行讨论，并且也是李敖写的：

日本军国主义

一九三三年，英国一代文豪萧伯纳，访问日本。在日本爱国者高叫征服中国的时候，他以讽世的口吻，告诉日本人：“日本人决不能征服中国的，除非日本人能准备一个警察对付一个中国人。”

日本警察一个对一个日本人还不够用，当然无法外销支那，所以，萧老顽童的铁口直断，自然也就言比有中。

但是，以日本那样的毫无幽默感的民族，哪里听得进去英国幽默家的忠告呢？不来幽默的，迎合日本的严肃口味，来点严肃的怎么样？不行，还是不行。

严肃的是英国史学家汤恩比。汤恩比在萧伯纳谈话后，发表论文，指出一般人认为日本发疯搞侵略，对象只是中国，不是美国的这种说法，是站不住脚的。汤恩比说，抱这种看法的人，不了解疯子的行径。第一次世界大战的时候，德国若在西线采取守势，不难在东线打垮俄国。俄国一垮，巴尔干和土耳其各国都是自己的囊中物，何必先发疯，要把法国、英国、美国都搅起来，四面树敌呢？可是，德国的疯狂行径是不可理解的，它就要蛮干，把自己蛮干垮为止。德国如此，日本又何独不然？不但何独不然，并且，尤其如此。因为日本的传统文化中，根本就有“自杀”特色。打起来，日本还管什么中国、美国，就会大干特干起来了。如果这种情况一旦发生了，整个大和民族毅然走上“切腹”之路，也并非决不可能。

可是，汤恩比的忠告有什么用？发疯的人终归要发疯。日本在中国踩在夕阳里以后，果然动手惹老美，日本偷袭珍珠港，虎虎虎，半天，证明不是老虎，而是一只大笨牛——不是其笨如牛，而是笨的根本就是牛。丘吉尔在回忆录中，把桃太郎成牛记消遣备至。丘吉尔认为，为日本打算，日本如果非打不可，也该打英国，不该打美国。那时候，美国国会，仅以一票之差，通过延长征兵发案，如果不是以一票多数通过，美国就得在二次大战四处烽火的当儿，自己先解除武装，足见美国国内想置身事外的气氛多浓。在这样的气氛下，日本可以放胆打英属马来西亚，荷属东印度，美国一定袖手旁观，这比打美国的珍珠港聪明多了，可是日本当局太笨，老是下错棋。

最后，日本打了中国又打了美国，史学家汤恩比的预言完全兑现，日本开始自杀了。

日本人并不笨，只是在战争中被内心的紧张逼迫得失去了理智，日本人在别的地方所表现出的聪明在自大的逼迫下荡然无存。自大成狂，日本军国主义者可是认为自己能够多面作战，战无不胜的。正常人眼中的“日本”和日本军国主义眼中的“日本”是一不样的，日本前首相不是说来日本是“神的国家”，神的国家当然有神的部队，神的部队当然能够多面作战，三头六臂什么的。这种没有自知自明，不仅仅害了别人也害了自己。

国家的自大、自卑、疯狂与精神病人并没有本质上的区别，国家也像精神病人一样经常处于一种幻觉状态，集体的幻觉，国家发了疯。社会心理学完全可以把此时的国家作为精神病人加以研究，加以治疗。

后 记

在2000年，学了多年心理学的我，因缘际会，终于对心理学有了自己的观点，并在前人的基础上，形成这本书的全部理论。

2002年末，2003年初，我决定把它写下来，大约半年后，我终于写完草稿。当时我想出版，但当时出版太难了，我只好放弃。我这人有很强的表现欲，就决定把这本书的核心观点浓缩成论文，企图发表。论文名字是《领先世界的禅宗心理学理论》，论文主要讲了禅宗的“人心就是社会的观点”。我当时是可笑的，为了投稿，第一次去北京。我不懂投稿的规则，当然也没有发表，稿子被退回了。我这人好表现，也时常向要好的人讲我的理论。

投稿不成，我家里又有了重要的事，我家多了一个小生命，接下就是忙碌孩子。孩子今年七岁了，我的书也9岁了，我就又想起了他。并且在2010年才知道世界上还有版权登记这回事，并连忙进行了登记，并拿到登记证。现在对草稿进行了二次修改，修改完了，就写了这篇后记。

这本书因《金刚经》而生，围绕《金刚经》而写，为《金刚经》而存在，所以接下来四句偈是本书的结尾：

一切有为法，如梦幻泡影，如露亦如电，应作如是观！

2011年2月4号